Maria Witzel

Trans* in der Schule

Eine Handreichung für Pädagogen

Maria Witzel

Trans* in der Schule

Eine Handreichung für Pädagogen

Impressum

1. Auflage, 1. Druck 2024 © Elternverein NRW e.V.

Cover: Peter Esser

Verlag: BoD • Books on Demand GmbH, In de Tarpen 42, 22848 Norderstedt

Druck: Libri Plureos GmbH, Friedensallee 273, 22763 Hamburg

ISBN: 978-3-7597-7665-5

Elternverein NRW e.V., Erlemannskamp 30, 45659 Recklinghausen
www.elternverein-nrw.de

Inhaltsverzeichnis

Vorwort

Lehrerinnen und Lehrer sind immer häufiger mit dem Thema Geschlechtsidentität konfrontiert. War die Frage des Frau- oder des Mannseins vor wenigen Jahren noch mit der Frage der Gleichberechtigung der Geschlechter verbunden, so steht heute die Annahme des biologischen Körpers im Mittelpunkt. Trans*, transgender, Non-Binarität oder Geschlechtsinkongruenz sind heute die Themen, die unter Jugendlichen zunehmend diskutiert werden.

Die Handreichung will Orientierung im Umgang hiermit anbieten. Dabei geht es um zwei Themen: Das Thema der Aneignung von Geschlechtsidentität, das eine wesentliche Entwicklungsaufgabe im Jugendalter ist, und das Thema des Umgangs mit jungen Menschen, die im Kontext Schule signalisieren, dass sie an ihrem biologischen Körper leiden.

Aufbau

Der erste Teil der Handreichung befasst sich mit der Geschlechtsidentität als Entwicklungsaufgabe in Kindheit und Jugend.

Der zweite Teil legt den Fokus auf das Thema Trans*. Er geht vor allem auf die Menschen ein, die an ihrem biologischen Körper leiden.

Das Thema Geschlechtsidentität steht am Beginn, da es für Kinder und Jugendliche zentral ist und vor allem dann relevant wird, wenn ein Mitglied der Schul- oder Klassengemeinschaft an seinem biologischen Geschlecht leidet. Einer Einführung in die Frage, welcher pädagogische Ansatz geeignet ist, um das Thema im Unterricht zu behandeln, schließen sich Informationen zur Geschlechtsentwicklung und zum Phänomen des Trans* an.

Der zweite Teil befasst sich damit, was zu beachten ist, wenn ein Kind oder Jugendlicher im Schulalltag Leiden am eigenen Geschlecht zum Ausdruck bringt. Dieser Teil enthält Informationen sowohl über den medizinisch-diagnostischen Hintergrund als auch Hinweise zu einem möglichen Umgang mit betroffenen Kindern, Jugendlichen, ihren Eltern und der Klassengemeinschaft.

Teil 1: Die Geschlechtsidentität

I. Ist Geschlechtsidentität ein Thema für den Unterricht?

1. Pädagogische Vorbemerkungen

Das Leiden an der Annahme des biologischen Körpers und die damit verbundene Schwierigkeit der Übereinstimmung mit dem psychischen Geschlecht gehört zum großen Thema der Geschlechtsidentität. Ist es aber auch sinnvoll, es im Unterricht zu behandeln?

Veränderte Einstellung zur Geschlechtsidentität

Der Sozialisationsforscher Klaus Hurrelmann weist in seinem Modell der produktiven Realitätsverarbeitung der Arbeit an der Geschlechtsidentität im Jugendalter eine zentrale Rolle zu[1]. Auch die Entwicklungspsychologie sagt, dass die Herausbildung und die Aneignung der Geschlechtsidentität zur zentralen Entwicklungsaufgabe des Jugendalters gehört, die bereits in der Kindheit beginnt[2]. Noch mehr unterstreichen verschiedene Untersuchungen, die sich mit der Zuordnung von Jugendlichen zur LGBTQ+-Bewegung auseinandersetzen, dass sich immer mehr junge Menschen dieser zuordnen. So ist die Zustimmung zu Sichtweisen der LGBTQ+-Bewegung in der Generation Z (1997-2002 geboren) mittlerweile auf 22.3 % angestiegen[3].

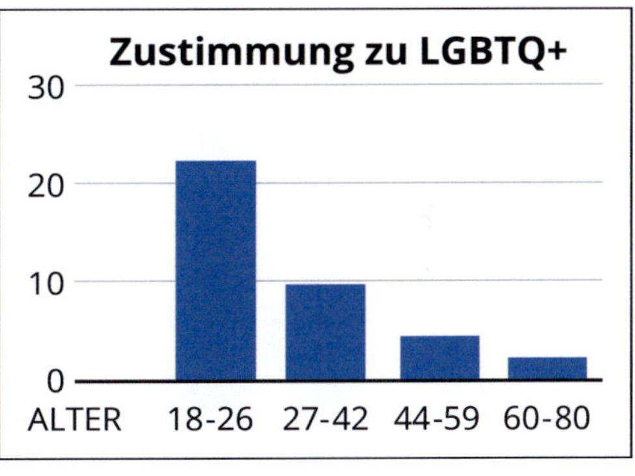

Diese Bewegung definiert Geschlecht aber nicht mehr in Orientierung auf die biologische Zweigeschlechtlichkeit von Frau oder Mann, sondern versteht die biologische Grundlage selbst als fluide[4]. Vereinfacht gesagt, muss jeder Mensch die Biologie seines Geschlechts an sein gefühltes Geschlecht anpassen. Diese Anpassung kann einmal als soziale Transition vollzogen werden, indem ein Jugendlicher sich etwa als non-binär oder gender-fluid bezeichnet oder als medizinische Transition in Form einer operativen Angleichung des biologischen Körpers an das gefühlte Geschlecht.

Erkenntnisse der Entwicklungspsychologie

Die Entwicklungspsychologie weist darauf hin, dass die Aneignung der Geschlechtsidentität ein komplexer Prozess ist, der in der Kindheit mit der kognitiven Aneignung der eigenen Geschlechtsidentität beginnt und sich in der Adoleszenz mit der Integration des sich verändernden Geschlechtskörpers in die Gesamtpersönlichkeit fortsetzt. Jugendliche,  die an ihrer Geschlechtsidentität arbeiten, setzen sich dabei nicht nur mit den inneren (endogenen) Prozessen auseinander, die mit der puberalen Entwicklung ausgelöst werden, sondern auch mit Theorien zum Thema Geschlecht, die in der Umwelt, vor allem in den Medien präsentiert und diskutiert werden.

Das Thema Geschlechtsidentität sollte deshalb aus drei Gründen Gegenstand von Unterricht sein:
Alle Kinder und Jugendlichen stehen im Prozess der aktiven Aneignung und Entwicklung von Geschlechtsidentität.
Das Thema Geschlechtsidentität wird unter jungen Menschen heute unter den Vorzeichen von Theorien der LGBTQ+-Bewegung diskutiert und ist daher mehr als früher von Unsicherheit begleitet.
Die Verunsicherung nimmt zu, wenn ein Kind oder Jugendlicher in der Schule oder in der Klassengemeinschaft an seinem biologischen Geschlecht leidet und deshalb z.B. mit einem Vornamen angesprochen werden will, der seinem gefühlten Geschlecht entspricht.

Wie sollte das Thema Geschlechtsidentität im Unterricht angesprochen werden?

Jugendliche, die Fragen ihrer Geschlechtsidentität bewegen, suchen nach innerer Einheit, weil sie sich durch die Entwicklung vor die Frage gestellt sehen, „Wer will ich sein?" und „Wer bin ich?". Vor allem am Beginn des Jugendalters ist diese Frage von großer Unsicherheit begleitet. Pädagoginnen und Pädagogen, die sich der Verunsicherung von Jugendlichen bei der Frage der Geschlechtsidentität zuwenden, greifen dabei meist auf eine der zahlreichen Theorien zur Geschlechtsentwicklung zurück. Da es aber nicht die eine Theorie gibt, sondern gleich mehrere, besteht

die Gefahr, Jugendliche zu indoktrinieren. Dieser Gefahr kann man nur entgehen, wenn Lehrende nicht nach der einen, vermeintlich richtigen Theorie der Geschlechtsentwicklung suchen, sondern sich vielmehr fragen, welcher pädagogische Ansatz Jugendlichen auf der Suche nach ihrer Geschlechtsidentität den größtmöglichen Entwicklungsraum bietet.

Identitätsarbeit und Geschlechtsidentität: Streben nach innerer Einheit

Was aber ist ein guter pädagogischer Ansatz, der heranwachsenden Menschen hilft, das Thema der Geschlechtsidentität in geeigneter Weise innerhalb des Unterrichts zu reflektieren? Eine Antwort ergibt sich, wenn man auf die Entwicklung der Identitätstheorien seit Erik H. Erikson blickt[5]. So sagen neuere Identitätstheoretiker wie Heiner Keupp[6] nicht nur, dass der Mensch sich die Frage nach seiner Identität an bestimmten zentralen Themen beantwortet, wobei dem „Geschlecht" eine zentrale Stellung zukommt. Die Theoretiker sagen auch, dass Identitätsarbeit immer eine Arbeit ist, die der Einzelne als Individuum in seiner Person und in Auseinandersetzung mit seiner Umwelt zu leisten hat. Es ist eine Arbeit, die der Mensch daher als Person in seinem Inneren vollziehen muss und aus der Mitte seiner Person muss er sich auch mit Konzepten der Geschlechtsidentität in seiner Umwelt auseinandersetzen. Beim Thema Geschlechtsidentität handelt es sich daher um Inhalte, die sowohl das soziale Miteinander wie das Innere einer Person betreffen. Identitätsarbeit muss folglich vom Ziel getragen sein, dass sich die Person finden kann. Dies, so die Identitätsforscher, ist deshalb notwendig, weil der Mensch nach innerer Einheit strebt und weil das Konzept des Strebens nach innerer Einheit sich seit den Anfängen der Identitätspsychologie als tragend erwiesen hat.

Innerhalb des Unterrichts genügt es daher nicht, sich nur mit verschiedenen Konzepten von Geschlechtsidentität auseinanderzusetzen oder den Fragen von Diskriminierung und Toleranz gegenüber diversen Geschlechtsentwürfen. Denn damit wird verfehlt, dass sich gerade Jugendliche innerlich mit ihrer individuellen Aneignung von Geschlechtlichkeit beschäftigen. D.h. pädagogische Ansätze, die das Thema nur konstruktivistisch angehen (konstruktivistische Didaktik) oder nur mit dem Fokus auf die Förderung gesellschaftlicher Kompetenz (bildungsorientierte Didaktik) übersehen das Eigeninteresse des Jugendlichen an diesem Thema.

Konstruktivistische Pädagogik

Der Vorteil der konstruktivistischen Pädagogik ist, dass sie die historische, kulturelle und gesellschaftliche Entwicklung zum Thema Geschlecht nachzeichnet. Sie kann sichtbar machen, wie die Kategorie „Geschlecht" in einer Gesellschaft formiert wird und kann dabei auf Strukturen der Benachteiligung hinweisen. Ihr Nachteil besteht darin, dass sie die innere, psychische Arbeit des jungen Menschen nicht berücksichtigt und damit der Person nicht den notwendigen pädagogischen Raum zur Reflexion der eigenen Prozesse einräumt.

Bildungstheoretische Didaktik

Ihr Vorteil ist, dass sie jungen Menschen dabei helfen will, Kompetenzen für den Umgang mit Diversität in einer pluralen Gesellschaft auszubilden. Sie setzt dazu am Sozialverhalten an und fördert Werte wie Respekt und Toleranz. Nachteilig ist auch hier, dass die inneren Fragen von Jugendlichen in Bezug auf ihre Geschlechtsidentität nicht aufgegriffen werden.

Der Ansatz personalistischer Pädgaogik

Geeignet ist für das spezielle Thema der Geschlechtsidentität, bei dem es sowohl um innere Fragen wie um das soziale Miteinander geht, der Ansatz der personalistischen Pädagogik. Ihr tragendes Bestimmungsmerkmal ist der Mensch in seiner Unverfügbarkeit als Person[7]. Diese Richtung der Pädagogik orientiert sich an der philosophischen Aufforderung: „Mensch, erkenne dich selbst!" Mit Rückgriff auf diese Frage sagt die personalistische Pädagogik nicht nur, dass das erstbewegende Prinzip das Personsein ist, das jedem Menschen mitgegeben ist. Sie sagt auch, dass der Mensch als Person über eine eigene Innerlichkeit verfügt, über die nur er allein verfügen kann. Weil aber der Mensch Person ist, strebt er nach seiner eigenen inneren Einheit. Der Ansatz achtet damit die unverletzliche Würde des Menschen und ist dabei zugleich sozial orientiert, da er die Würde jedes einzelnen Mitmenschen achtet.

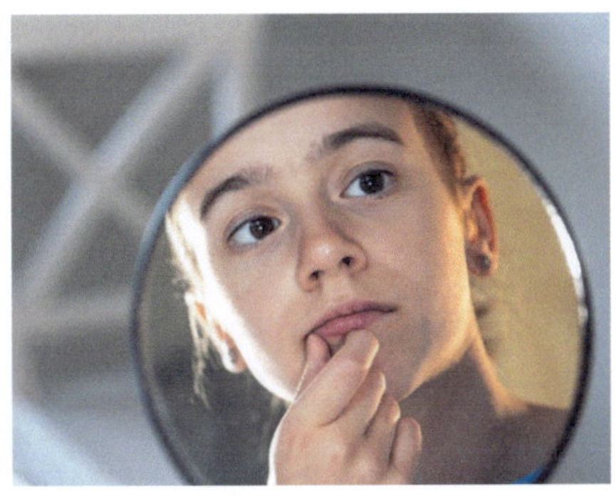

Die Prinzipien der personalistischen Pädagogik

Personalität und Ganzheitlichkeit: Der Mensch ist das einzigartige Wesen, das nach seiner Personalität strebt, die zugleich an eine eigene Innerlichkeit zurückgebunden ist. Bildung muss daher den ganzen Menschen einschließen und dabei auch seine körperliche, emotionale, intellektuelle und spirituelle Dimension berücksichtigen. Bildung darf daher nicht nur auf intellektuelle Ziele gerichtet sein, sondern muss alle Aspekte der Person einbeziehen. Vor allem bei Themen, die die ganze Person betreffen.

Selbstbestimmung und Autonomie: Die Selbstbestimmung und Autonomie des Menschen als Person ist zentraler Kern der Bildung. Der Lernende ist daher nicht Objekt der Stoffvermittlung, sondern das Subjekt, dem der Selbstumgang mit Inhalten zukommt. Auf dieser Grundlage kann der Mensch zu selbstverantwortlichen Entscheidungen für sein Leben finden.

Sinn- und Wertorientierung: Der Mensch als Person muss seinen eigenen Sinn und Wert entdecken können. Ziel ist die Förderung von Wahrhaftigkeit und Gerechtigkeit in Bezug auf das eigene Personsein und in Bezug auf andere. Zentrales Bildungsziel ist die Förderung der Entwicklung einer starken und authentischen persönlichen Identität.

Förderung von Gemeinschaft und Solidarität: Da jeder Mensch Person ist und über seine eigene Innerlichkeit nur selbst verfügen kann, ist die Förderung von Gemeinschaftsfähigkeit und Solidarität folgerichtiges Bildungsziel. Die Förderung von Toleranz und Respekt aus der Mitte der Person für das Personsein anderer ist daher ein wichtiges Prinzip personalistischer Pädagogik.

Lehrende als Begleiter: Lehrende sind Begleiter der Entwicklung, sie fördern den Selbstumgang der Person mit sich selbst und mit anderen, ohne jedoch den Menschen in seiner Entwicklung einzuengen, zu korrumpieren oder zu indoktrinieren.

Die Auswahl der Stoffe und Inhalte: Gerade weil die Person sich selbst gehört und niemand anders als ihr allein die Aufgabe zukommt, ihre innere Einheit zu formulieren, übergibt personalistische Pädagogik Inhalte in transparenter Weise. Das erreicht sie durch eine differenzierte Erarbeitung des Stoffes, der mit Blick auf seine anthropologischen, ethischen, psychologischen und sozialen Implikationen für den Lernenden offengelegt wird. Denn der Lernende will gerade bei Inhalten, die ihn selbst betreffen, nicht nur Theorien lernen, sondern sich selbst entlang dieser reflektieren und vergangene oder künftige Entscheidungen für seine Person daran prüfen.

Erziehung darf scheitern: Weil die Person sich selbst gehört und weil sie allein entscheidet, entlang welcher Inhalte und Theorien sie ihr Leben ausrichtet, weist das Prinzip des Scheitern-Dürfens alle Wünsche auf Seiten der Lehrenden von Beginn an zurück.

Die Stoffauswahl

In der Art und Weise der Stoffauswahl und in der Förderung des Selbstumgangs mit Inhalten, die die eigene Person angehen, arbeitet die personalistische Pädagogik einer Tendenz entgegen, die Identitätsforscher bei Jugendlichen beobachten, wenn sie mit Fragen der eigenen Identität umgehen. So zeigen etwa Erik H. Erikson[8] oder Augusto Blasi[9], dass Heranwachsende dabei gern auf Theorien zurückgreifen, die ihnen eine schnelle Antwort für ihre innere Verunsicherung anbieten. Folgt man ihrem Hinweis, so ist es geboten, dass für das Thema der Geschlechtsidentität auf die breite Palette von Theorien der Geschlechtsidentität zurückgegriffen wird. Denn nur eine breite theoretische Auseinandersetzung mit verschiedenen Konzepten und Inhalten ermöglicht es dem Jugendlichen, seine eigenen inneren Fragen umfassend zu reflektieren. Um jede Indoktrination zu vermeiden, muss beim Thema Geschlechtsidentität auf ein breites Spektrum an Theorien zurückgegriffen werden.

Evolutionspsychologische Ansätze[10]: Diese Ansätze sagen, dass die Geschlechtsidentität einer proxymaten, natürlichen Tendenz im Menschen unterliegt, die wesentlich mit der hormonellen Ausstattung und der Gehirnstruktur zusammenhängen. Zentrale Aussage ist, dass bereits das kleine Kind über eine innere geschlechtliche Tendenz verfügt und diese eher von der Umwelt einfordert, als dass das Geschlecht sozial determiniert wird. Die Theorie kann dies durch Rückgriff auf Forschungen belegen.

Entwicklungspsychologie[11]: Entwicklungspsychologische Theorien zeigen, dass bereits das kleine Kind entsprechende Erwartungen an die Umwelt mitbringt. Sie spricht vom kompetenten Säugling und Kleinkind. Sie zeigt die Wichtigkeit der Bindung an geschlechtsunterschiedene Eltern und deren Wirkung auf die Herausbildung von Identität. Sie verdeutlicht aber auch, dass sich Geschlechtsidentität nur durch die innere Arbeit des Kindes und Jugendlichen herausbildet. Dabei integriert das Kind und der Jugendliche die in sich vorgefundene Tendenz und die Einflüsse der Umwelt. Sie zeigt aber auch, dass der Schwerpunkt der Identitätsarbeit im Jugendalter liegt und mit der hirnorganischen Reifung zusammenfällt, die dem Menschen erst allmählich ermöglicht, seine innere Einheit zu finden. Verunsicherte Jugendliche sind dabei gefährdet, da sie die Tendenz haben, sich Ideologien zu öffnen, die ihnen helfen, für ihre Identitätsunsicherheit eine schnelle Antwort zu finden.

Konstruktivistische Psychologie[12]: Sie geht davon aus, dass der Mensch von seiner Umwelt determiniert wird. Das Kind wird als passives Objekt beschrieben, in das Geschlechtsidentität von der Umwelt eingeschrieben wird. Das Kind passt sich dieser Einschreibung an, da es sich dadurch Annahme erhofft.

Gendertheorie[13]: Vor allem Judith Butler geht davon aus, dass der Mensch passives Objekt ist, in das Geschlecht durch performative Akte eingeschrieben wird. Ähnlich wie die konstruktivistische Theorie geht sie davon aus, dass der Mensch dieser Einschreibung aufgrund des Motivs der Anerkennung durch die Umwelt folgt. Zudem geht Butler davon aus, dass die Biologie keine Rolle für das Geschlecht des Menschen spielt bzw. dass Biologie sozial präformiert wird.

Die personalistische Pädagogik positioniert sich nicht zum Stoff und Inhalt. Sie vermittelt nur die theoretischen Hintergründe der Inhalte altersentsprechend und gibt Raum zum Selbstumgang, zur Diskussion der Inhalte und zur Prüfung der Inhalte in Bezug auf die Entwicklung der eigenen Person.

Es ist selbstverständlich, dass die Auswahl von Inhalten und die Förderung des Selbstumgangs damit nur für eine Altersgruppe in Frage kommt, die sich selbst als psychologisches Wesen reflektieren kann. Dies ist mit der Ausbildung des abstrakt-logischen Denkens ab der Adoleszenz im wachsenden Maße möglich. Da Kinder im Kindergarten oder Grundschulalter noch nicht über die Fähigkeit verfügen, Inhalte kritisch zu diskutieren oder sie

auf ihre Person anzuwenden, gebietet der personalistische Ansatz die Achtung der Entwicklung des Kindes. Da bereits das Kind aus seiner personalen Mitte handelt, unterstützt sie auch das geschlechtsbezogene Handeln des Kindes, integriert Kinder mit abweichendem Geschlechtsverhalten, ohne sie zu diskriminieren, und vermittelt tolerantes Sozialverhalten.

2. Geschlechtsidentität – eine klare Sache?

Geschlechtsidentität ist zwar biologisch angelegt, muss aber dennoch von jedem Menschen auch angeeignet werden. Das verläuft im Wesentlichen in zwei entscheidenden Entwicklungsphasen.

Wie verläuft die Entwicklung der Geschlechtsidentität in der Kindheit?

„Ein Kind übernimmt nicht nur typische Verhaltensweisen von Frauen und Männern – es fordert seine Umwelt auch dazu heraus, ihm auf eine bestimmte geschlechtliche Weise zu begegnen."

Biologie: Menschen werden als Mann oder Frau geboren. Auch wenn die Geschlechtsbestimmung in sehr seltenen Fällen auf Grund von genetischen oder hormonellen Gegebenheiten äußerlich nicht gleich erfolgen kann, gibt es stets eine eindeutige biologische Festlegung.

Empfinden: Geschlecht muss emotional angeeignet werden.

Kerngeschlechtlichkeit: Sie ist Teil der Geschlechtsidentität und entsteht durch das „Ja" zum biologischen Geschlecht.

Verhaltensweisen: Kinder haben die Neigung geschlechtstypische Reaktionen von ihrer Umwelt zu fordern, sie orientieren sich aber auch an Frauen und Männern.

Geschlechtsaneignung: Ein Bewusstsein für das biologische Geschlecht, das unveränderlich ist, entsteht um das 4./ 5. Lebensjahr.

Was ist anders bei der Entwicklung der Geschlechtsidentität in der Jugend?

„Jungs müssen schlank und muskulös, Mädchen müssen schlank und schön sein."

Biologische Reifung: Geschlechtskörper entwickelt sich und wird zur Herausforderung.

Psychologie: Körper muss neu bewohnt werden, neu angeeignet werden.

Gesellschaft: Bewusstsein für Idealkörper wird geschlechtsspezifisch geprägt.

Unzufriedenheit: Mädchen sind unzufriedener mit dem eigenen Körper und länger davon betroffen.

Transsexualität – eine neue Form der Geschlechtsidentität?

„Definiere dich selbst, nach deinen eigenen Bedingungen. In Bezug auf das Geschlecht, die Herkunft, einfach alles. Wir sind nicht das, was andere Leute sagen, dass wir sind. Wir sind das, was wir wissen, dass wir es sind." – Laverne Cox, amerikanische Schauspielerin, Transgender-Person

Ein neuer Trend?

Immer mehr junge Menschen wünschen eine Operation zur Angleichung des biologischen Geschlechts an das emotional empfundene Geschlecht.

Früher: 2/3 der betroffenen Personen waren Männer.
Heute: 80 % der betroffenen Personen sind Mädchen.
Mögliche Erklärungen: Einfluss der sozialen Medien / des Umfelds,

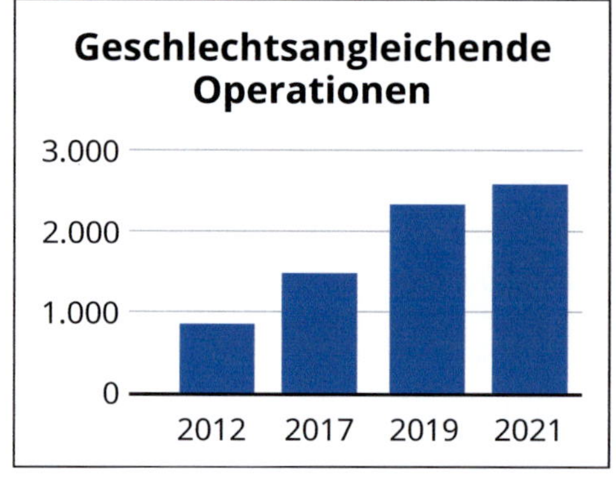

stärkerer öffentlicher Fokus auf LGBTQ+ Themen, erhöhter Druck, dem Schönheitsideal zu entsprechen, höhere Depressivität von Mädchen auf Grund von Unzufriedenheit mit dem eigenen Körperbild. Bislang keine wissenschaftlich gesicherten Aussagen.

Was sind Ausdrucksformen der Transsexualität?

➤ nicht-binär / non-binary: keine Zuordnung zu einem der beiden Geschlechter gewünscht
➤ gender fluid: Geschlechtsempfinden ändert sich ständig
➤ trans*: Zuordnung zu einem anderen als dem biologischen Geschlecht, aber ohne operative / hormonelle Veränderung des eigenen Körpers

➤ Gender Dysphorie: Menschen, die an ihrer Geschlechtsidentität leiden und Operation / hormonelle Therapie anstreben

Was ist Intersexualität?

➤ keine eindeutig männlichen oder weiblichen Geschlechtsmerkmale bei der Geburt, äußerst selten
➤ meist genetische Anomalie
➤ XY-Frauen: biologische Männer mit genetisch bedingter Ausprägung einiger weiblicher Geschlechtsmerkmale, nicht fortpflanzungsfähig

Wie stabil ist das transsexuelle Empfinden?

Geschlechtsangleichung inklusive Operationen: von mehr Mädchen als Jungen gewünscht
Hormongabe während der Pubertät: 90 % Operationswunsch
Keine Pubertätsblocker: großer Anteil der Jugendlichen findet Weg, sich mit biologischem Geschlecht auszusöhnen (75 %) („Desister")
Empfehlung der Fachleute: Entscheidung über Geschlechtsangleichung mittels Operationen möglichst lange offenhalten

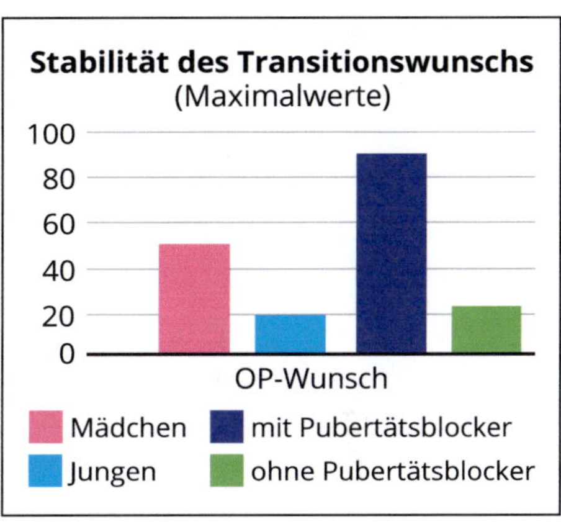

„Wenn man die Spannung, die ein solcher Zweifel mit sich bringt, mit dem jungen Menschen aushält, könnte sich dieser mit seinem Geschlechtskörper versöhnen."
Aussage eines Therapeuten

Wie ist die rechtliche Situation?

Bisher: Regelung im Transsexuellen-Gesetz
➤ Menschen, die nicht mit ihrem biologischen Geschlecht übereinstimmen, konnten dieses durch einen neuen Geschlechtseintrag verändern
➤ Nachweis der Dauerhaftigkeit des Gefühls (drei Jahre) erforderlich
➤ Zwei unabhängige ärztliche Gutachten

Ab August/November 2024: Selbstbestimmungsgesetz

➤ Nicht Leid, sondern selbstbestimmte Entscheidung, sich als binär, gender-fluid oder trans* zu bezeichnen, steht im Vordergrund

➤ Drei Monate im Voraus Beantragung der Veränderung des Geschlechts-eintrags beim Standesamt

➤ Änderung in „Mann", „Frau", „Divers" ist möglich

➤ Kein medizinisches Gutachten notwendig

➤ Kinder unter 14: Sorgeberechtigte geben die Erklärung für das Kind ab

➤ Ab 14: Jugendliche geben Änderungswunsch nur mit Zustimmung der Eltern oder Sorgeberechtigten ab, der Elternwille kann aber vom Jugendgericht aufgehoben werden

➤ Einmal pro Jahr ist eine Änderung des bisherigen Geschlechtseintrags möglich.

II. Wie kann die Arbeit an der Geschlechtsidentität gelingen?

1. Grundsätzliche Überlegungen zum Gelingen

Für Kinder und Jugendliche ist die Frage der Auseinandersetzung mit der eigenen geschlechtlichen Identität wesentlich komplizierter geworden: Zum einen, da das Thema viel präsenter ist, zum anderen, weil die in den Medien und im Umfeld aufgezeigten Möglichkeiten sehr viel umfangreicher geworden sind. Für Pädagoginnen und Pädagogen ist das Thema Geschlecht ein Querschnitts-Thema, das im Rahmen von Biologie, Ethik, Religion, Geschichte, Sozialkunde und Sexualpädagogik bearbeitet wird. Fächerübergreifendes Arbeiten und gemeinsame Absprachen sind daher sinnvoll.

Sich selbst Klarheit verschaffen – was passiert in den Köpfen und der Gesellschaft?

In welchen Auseinandersetzungen stehen Kinder und Jugendliche beim Hineinwachsen in ihren Körper und ihr Geschlecht heute?
Welcher Einfluss der Medien, gesellschaftlicher Strömungen auf die Wahrnehmung des eigenen Geschlechts sind zu beobachten?
An welchen Fragen zweifeln Menschen, wenn sie ihren biologischen Körper nicht annehmen können?
Welche Informationen gibt es zur Aussöhnung mit dem eigenen Geschlecht bei Menschen, die sich eine Zeit lang als trans* bezeichnet haben?
Welches Leiden erleben Menschen, die ihr biologisches Geschlecht nicht mit ihrem empfundenen Geschlecht in Einklang bringen können?

Sich selbst Klarheit verschaffen – wo stehe ich?

Was sind meine Wertvorstellungen? Was ist mein Auftrag?
Welchen Einfluss hat meine Biografie auf die Glaubwürdigkeit meiner pädagogischen Haltung?

Was ist sexualpädagogische Bildung?

„Bei der sexualpädagogischen Bildung geht es um mehr als um Wissensvermittlung. Es geht für den jungen Menschen um sein konkretes Leben."

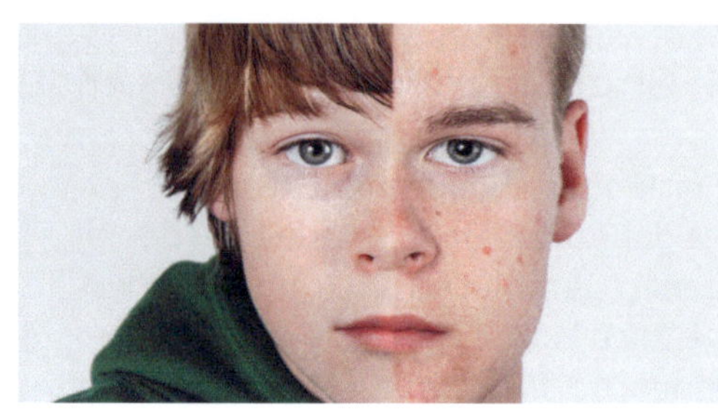

Ziel der sexualpädagogischen Bildung ist es, heranwachsende Menschen bei der Integration ihrer Sexualität und Geschlechtlichkeit zu unterstützen. Im Mittelpunkt der Sexualpädagogik steht der heranwachsende Mensch, der durch Wissen zu einer selbstbestimmten Auseinandersetzung mit sich selbst und dem Thema Körper und Geschlecht befähigt werden soll.

Was sind hierbei Aufgaben der Pädagoginnen und Pädagogen?

Wissensvermittlung:

➤ Befähigung zur Selbstauseinandersetzung mit seiner Geschlechtlichkeit
➤ Orientierung an wissenschaftlichen Standards und Fakten
➤ Altersgerechte Auswahl der Lerninhalte
➤ Vermeiden von Überforderungen, Schamgrenzen respektieren
➤ Respekt vor der Selbstentscheidung des jungen Menschen

Differenzierung:

➤ Nach Alter und Entwicklungsstand – das Bewusstsein über den eigenen Körper entwickelt sich vielschichtig
➤ Nach Auffassungsvermögen: junge Menschen müssen das Wissen zum Thema Geschlecht biologisch, psychologisch und soziologisch erfassen können

Respekt:

➤ Junge Menschen ab der Pubertät können sich selbstständig mit verschiedenen Weltanschauungen zum Thema Geschlecht auseinandersetzen

➤ Auf Einseitigkeit ist daher zu verzichten
➤ Die Festlegung auf einen bestimmten Lebensentwurf ist die Entscheidung des Jugendlichen, nicht des Pädagogen

2. Entwicklung und Geschlecht im Grundschulalter

„Sobald sich das Bewusstsein über das eigene Geschlecht gefestigt hat, entwickeln Kinder die Tendenz, sich in getrennten Geschlechtsgruppen zu organisieren."

Zwischen dem 4. und 5. Lebensjahr hat sich in Kindern das Bewusstsein über das eigene Geschlecht (Kerngeschlechtlichkeit) gefestigt.

Es folgt eine Phase der Selbsterziehung zur Geschlechtlichkeit:

➤ Organisation in geschlechtsspezifischen Gruppen
➤ Wunsch, geschlechtsorientierte Fähigkeiten auszubilden
➤ Unterschiedliche Kommunikations- und Problemlösungsformen zwischen Mädchen und Jungen

Problem: Kinder, die diesen Formen nicht entsprechen, werden zuweilen ausgegrenzt, Unsicherheit kann zu Übergriffigkeit bis hin zu Missbrauch führen.

Aufgaben der Pädagogen:

Sie respektieren: Kinder denken nicht abstrakt über ihre Geschlechtlichkeit nach – sie nehmen sich in ihrem Handeln als Junge oder Mädchen wahr. Sie möchten geschlechtsbezogene Fähigkeiten ausbilden. Sie haben ihre eigene Ausdrucksweise der Geschlechtlichkeit.

Sie unterstützen: Kinder brauchen Unterstützung bei der liebevollen Annahme des eigenen Körpers – dazu gehört auch die Selbstkontrolle über diesen Körper. Sie brauchen Unterstützung bei der Ausbildung eines positiven, annehmenden Selbstbildes in Bezug auf Geschlecht und Sexualität, bei der gegenseitigen respektvollen Annahme der Kinder untereinander – jeder Mensch ist einzigartig.

Sie erarbeiten: Gemeinsam mit den Kindern müssen soziale Normen des respektvollen Umgangs im Miteinander und zwischen den Geschlechtern entwickelt werden.

Sie vermitteln: Kinder müssen für gefährdende Situationen sensibilisiert werden und schützendes Verhalten erlernen und trainieren: sie müssen ihre Bedürfnisse nach Annahme und Abgrenzung ausdrücken lernen.

Sie schaffen: Respekt und Freiraum zur Exploration des eigenen Geschlechtsausdrucks.

Sie betonen: Kinder können sich geschlechtsuntypisch verhalten – denn jedes Kind ist einzigartig in seinen Begabungen und seiner Persönlichkeit, mit denen es sich in die Gemeinschaft einbringen und diese bereichern kann.

Sie beachten: Die soziale Herkunft, Stress, belastende Erfahrungen können zu Ängsten in Bezug auf die Selbstverwirklichung als Junge oder Mädchen führen.

Die Ziele:

Es gibt keine verletzenden und diskriminierenden Ausdrucksformen – und wenn sie doch auftreten, so werden sie altersgerecht und ohne Beschämung aufgearbeitet. Ausgrenzungen werden vermieden.
Mädchen und Jungen gestalten den gemeinsamen Schulalltag bewusst mit.

Sie erfahren ein gutes, schützendes und von respektvollem Miteinander der Geschlechter getragenes Lebensumfeld.

Den Kindern gelingt eine Annahme ihrer Geschlechtlichkeit durch die Unterstützung seitens einer traumasensiblen Pädagogik.

3. Entwicklung und Geschlecht im Jugendalter

„Wer bin ich?", „Wer will ich sein?"
„Wie will ich von anderen wahrgenommen werden?"

Mit der biologischen Reifung entwickelt sich die Fähigkeit zu abstrakt-logischem Denkvermögen. Jugendliche erfassen einerseits Weltanschauungen und Theorien, und denken andererseits darüber nach, wer sie selbst in diesem Gefüge sein wollen.

Problem: Die damit verbundene Unsicherheit, zusammen mit der Veränderung in der körperlichen Entwicklung, macht sie offen für Weltanschauungen, die ihnen ein Hilfsangebot dazu machen, diese Zerrissenheit zu überwinden.

Aufgaben der Pädagogen:

Sie vermitteln Wissen: über die Entwicklungsverläufe bei Mädchen und Jungen und vermitteln dieses Wissen altersentsprechend und sensibel.

Sie schaffen Raum: dafür, dass Jugendliche ihre Zerrissenheit bei der Findung der geschlechtlichen und persönlichen Identität äußern können – ohne beschämt zu werden.

Sie unterstützen: mit lösungsorientierten, sach- und altersgerechten Informationen, die die Integration des eigenen Körpers unterstützen können.

Sie erklären: verschiedene Theorien zur Aneignung von Körper und Geschlecht, sowie den möglichen Einfluss solcher Konzepte auf ihr eigenes Leben

Sie thematisieren: Grenzverletzungen, die unter Jugendlichen vorkommen und oft einen Einfluss auf die körperliche Selbstwahrnehmung haben.

Sie fördern: die Entwicklung von respektvollen, grenzwahrenden Verhaltensweisen zwischen Jugendlichen.

Sie achten: auf Jugendliche, die sich mit ihrem biologischen Körper nicht wohl fühlen, und verweisen auf Beratungsmöglichkeiten (siehe Anhang S. 47)

Die Ziele:

Förderung einer selbstbestimmten, wissensbasierten Entscheidung
Schutz vor Grenzverletzungen
Entwicklung respektvollen, grenzwahrenden Verhaltens

Teil 2: Trans* im Kontext schulischer Bildung

III. Wie kann der Umgang mit trans* gelingen?

1. Vorbemerkungen zum Thema trans*

Früher sagte man über Menschen, die einen verwirrten, orientierungslosen Eindruck machten: „Der weiß nicht, ob er Männlein oder Weiblein ist." Wer heute für sich selbst feststellt: „Ich weiß das tatsächlich nicht!" signalisiert damit keine Orientierungslosigkeit, sondern eine tiefe Unzufriedenheit mit dem eigenen Körper. Für diese Unzufriedenheit gibt es viele Ursachen.

In der Medizin gibt es Bereiche, in denen eine Therapie auf Grund eindeutiger Befunde erfolgt: ein Röntgenbild zeigt einen gebrochenen Knochen, der Histologe erkennt Tumorzellen in einer Gewebeprobe. In anderen Fällen ermöglicht eine sorgfältige Befragung (Anamnese) des Patienten dem Arzt, bestimmte Krankheiten auszuschließen und so die richtige Diagnose zu stellen. So einfach ist es mit der menschlichen Psyche nicht. Diagnosen und Therapien ändern sich. Verhalten, das als therapiebedürftig galt, kann auf Grund neuer Definitionen als Ausdruck individueller Selbstbestimmung betrachtet werden. Dazu gehört auch die Geschlechtsdysphorie, unter der man das Unwohlsein mit der Geschlechtlichkeit des eigenen Körpers verstehen kann. Bis zum 1. Januar 2022 klassifizierte die WHO in der ICD-10 (Internationale Klassifizierung von Krankheiten) Transsexualismus als "Störungen der Geschlechtsidentität" und ordnete sie allgemein den Persönlichkeits- und Verhaltensstörungen zu. Mit der neuen ICD-11 ist die Diagnose „Gender Incongruence" (Geschlechtsinkongruenz) dem neu geschaffenen Kapitel „conditions related to sexual health" (Probleme/Zustände im Bereich der sexuellen Gesundheit) zugeordnet worden. Auf die Zweiteilung der Geschlechter wurde verzichtet. In den ICD-11 wurden auch Kinder aufgenommen („gender incongruence of childhood"). Das Empfinden, der eigene Körper habe nicht das richtige Geschlecht, ist in dieser Definition nicht mehr eine therapiewürdige Krankheit, sondern ein Zustand, der geändert werden kann.
Dahinter steht ein grundlegend veränderter Umgang mit den betroffenen Personen. Nicht die Ursache des Empfindens – die Psyche - ist nun Gegen-

stand der Therapie, sondern der Körper. Der als unerträglich empfundene Zustand wird dadurch geändert, dass aus dem als falsch empfundenen Geschlecht das richtige gemacht wird. Hierzu sind Operationen und Hormongaben erforderlich.

Da es sich um weitreichende und folgenschwere Eingriffe in den Körper junger Menschen handelt, welche nicht rückgängig zu machen sind und einen erheblichen Einfluss auf das weitere Leben haben, ist ein Blick in den Stand der medizinischen Forschung hierzu notwendig, der an dieser Stelle nur sehr kurz ausfallen kann.

Prävalenz und Entwicklungsverläufe

Da das Thema Trans* in Form von Geschlechtsinkongruenz oder Geschlechtsdysphorie für Lehrerinnen und Lehrer auch Unsicherheiten auslösen kann, ist es hilfreich, über die Häufigkeit zu sprechen. Zwar weisen Studien einerseits eine erhöhte Zustimmung zur LGBTQ+-Bewegung aus, das Auftreten von Leiden am eigenen Geschlecht tritt allerdings nur bei ca. 1,3 % der Kinder auf. Bei Jugendlichen liegt der Wert zwischen 1 und 3 %[14]. Die Zahlen sind allerdings nicht gesichert, da es trotz der öffentlichen Diskussion um das Thema bislang keine echte Prävalenzstudie gibt. Im schulischen Alltag wird man daher Kindern oder Jugendlichen, die an ihrer Geschlechtsidentität leiden, eher selten begegnen; weniger selten sind Heranwachsende, die sich als nonbinär oder gender-fluid einordnen.

Differentialdiagnose

Für viele Formen des körperlichen Unwohlseins sind mehrere Ursachen denkbar. Das gleiche gilt auch für psychische Probleme. Bestimmte Symptome und psychische Störungen können auch im Bereich der Geschlechtsinkongruenz differentialdiagnostische Relevanz haben – das bedeutet: der Arzt, der Menschen mit Transitionswunsch betreut, ist aufgefordert, andere Diagnosen ausschließen. Hierzu kann eine konflikthaft erlebte eigene Homosexualität zählen, die durch ein ablehnendes Umfeld bedingt ist, aber auch Borderline, Schizophrenie oder Autismus. Während diese Diagnosen auch neben einer Geschlechtsinkongruenz vorhanden sein können, so gilt es doch, diese Diagnosemöglichkeiten nicht außer acht zu lassen und gegebenenfalls einer Therapie zu unterziehen. Wenn mit der Behandlung auch die geschlechtsdysphorischen Symptome verschwinden, handelt sich bei dieser psychischen

Störung um ein Ausschlusskriterium für eine Geschlechtsinkongruenz bzw. Geschlechtsdysphorie[15]. Ziel des Arztes muss stets sein, die richtige Therapie für die Person zu wählen, die sich mit dem Wunsch nach einer Behandlung an ihn wendet. Er ist es, der die Diagnose stellt, nicht der Patient.

Pubertätsblocker

Die Phase, in der sich das körperliche Geschlecht auch äußerlich deutlich manifestiert, ist die Pubertät. Mittels hormoneller Gaben werden die umwälzenden hormonellen, neuronalen, mentalen und psychischen Entwicklungen, wie sie die Pubertät mit sich bringt, blockiert. Der dahinterstehende Therapiegedanke ist, dass der betroffene Jugendliche so Zeit für die Entscheidungsfindung gewinnt und eine spätere operative Angleichung des Geschlechts erleichtert wird. Die zur Anwendung kommenden Mittel sind bekannt aus der Therapie der pubertas praecox, einer deutlich zu früh einsetzenden Pubertät. Die Anwendung zur Therapie der Geschlechtsinkongruenz ist ein sogenannter off-label-use, d.h., für diese Form der Behandlung sind die Medikamente offiziell nicht zugelassen. Da die Datenbasis (Therapieerfolge, Nebenwirkungen, Langzeitfolgen, Risiken) sehr dürftig ist und die erhofften klinischen Erfolge ebenfalls nicht ausreichend nachgewiesen werden können, sind auch in Deutschland die zuständigen Fachgesellschaften zunehmend skeptisch. Der Nachweis nämlich, dass die Behandlung mehr nützt als schadet, konnte bisher nicht erbracht werden.[16] In einigen US-Bundesstaaten ist die Gabe mittlerweile verboten, europäische Länder ziehen nach.[17]

Beständigkeit des Transitionswunschs

Ein wesentliches Argument für die Gabe von Pubertätsblockern bereits in einem sehr frühen Stadium der Pubertät ist, dass damit Zeit gewonnen werden könne für eine endgültige Entscheidung, die dann getroffen werde, wenn der betroffene Jugendliche auch die nötige mentale Reife dafür habe. Das kosmetische Ergebnis einer späteren Operation

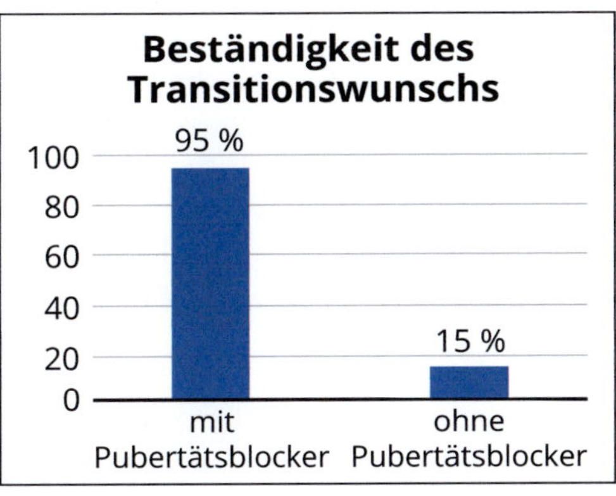

sei besser, insbesondere bei Mastektomien, und der Leidensdruck der Jugendlichen könne zu einem frühen Zeitpunkt genommen werden. Diese Vermutung kann jedoch durch wissenschaftliche Studien bislang nicht bestätigt werden. Über 95 % derjenigen, die mit Pubertätsblockern behandelt wurden, beginnen anschließend eine Therapie mit gegengeschlechtlichen Hormonen und leiten somit einen körperlichen Umwandlungsprozess ein. Dies mit erheblichen Folgen: Es drohen Infertilität, eine lebenslange Beeinträchtigung der sexuellen Erlebnisfähigkeit und ein Verlust der Knochengesundheit. Verzichtet man auf die Therapie mit Pubertätsblockern, kehrt der Anteil sich um: Nur noch ca. 15 % der Jugendlichen entscheidet sich für die Transition, ein nicht unerheblicher Teil von ihnen gesteht stattdessen eine bisher verdrängte Homosexualität ein.[18] Eine medizinische Transition würde dies verhindern.

2. Wie kann der Umgang mit trans* Jugendlichen gelingen?

Dies ist die Geschichte von jemandem, der sich selbst findet – inmitten von Hindernissen, Scham, Hoffnungslosigkeit und Schmerz. Schauspieler Elliot Page über die Transition von Ellen zu Elliot

Die Zahl der jungen Menschen steigt, die ihr biologisches Geschlecht nicht annehmen können oder ihr Geschlecht nicht eindeutig als Frau oder Mann bezeichnen wollen. Es braucht daher Konzepte der Integration.

Problem: Von der Geschlechtsverunsicherung einer Person ist immer auch ein Umfeld betroffen – Eltern, Geschwister, Freunde. Eine ganzheitliche, vernetzte Perspektive ist notwendig, die den Erziehungsauftrag der Eltern berücksichtigt.

Wie gelingt der Umgang mit dem Jugendlichen, der Geschlechtsverunsicherung erlebt?

Betroffene Jugendliche brauchen Respekt und haben Toleranz verdient – keine Stigmatisierung. Die Schule ist der Ort, an dem sich alle Kinder und Jugendlichen wohl fühlen sollen, und der für alle da ist – Pädagogen sind daher in besonderer Weise gefordert.

Aufgaben der Pädagogen:

Sie suchen das Gespräch: wenn Jugendliche zu erkennen geben, dass sie ihr biologisches Geschlecht und ihre psychisch empfundene Geschlechtsidentität nicht in Einklang bringen können, müssen Gespräche mit dem Betroffenen selbst und den Kollegen geführt werden.

Sie nehmen den Jugendlichen ernst: Sie lassen sich erklären, welche Geschlechtszuordnung und Bezeichnung er oder sie wählen will (trans*, gender fluid, non-binär), ob ein Leiden am biologischen Geschlecht vorliegt und inwieweit die Eltern über das Thema informiert sind.

Sie sind einfühlsam und sensibel: Sie fragen nach den Schwierigkeiten, vor welche die Person sich gestellt fühlt (Stress, Schwierigkeit bei der Integration innerhalb der Gruppe, Sorgen, Vorbehalte).

Sie sind offen: Sie informieren Jugendliche ehrlich über die Grenzen, Chancen und Aufgaben, die für die Schule mit einer Transition verbunden sind. Dazu gehört auch eine Sensibilisierung für den Effekt, den die Entscheidung auf die anderen Jugendlichen hat, und der Aufbau von Verständnis hierfür.

Sie helfen weiter: Sie weisen Beschwerdewege und Personen aus, an die sich betroffene Kinder und Jugendliche wenden können, wenn sie sich stigmatisiert fühlen oder an bestimmten Grenzen leiden – Klassenlehrer, Vertrauenslehrer und Schulpsychologen sind erste Ansprechpartner in der Schule. Weitere Hilfe kann über Beratungsstellen erfragt werden (siehe Anhang).

Sie zeigen Respekt: Ihre Haltung ist durchgehend entstigmatisierend, und sie wehren jede Stigmatisierung des betroffenen Jugendlichen ab.

Sie arbeiten im kollegialen Team: Sie werten die Gespräche gemeinsam aus und erarbeiten einen pädagogischen Weg, der die Situation des betroffenen Jugendlichen genauso berücksichtigt wie die Situation und die Entwicklungsphase der anderen Jugendlichen.

Sie unterstützen sich gegenseitig: Sie schaffen Freiraum für den Umgang mit dem Thema Trans* und die Integration des Jugendlichen. Dies kann z.B. dadurch geschehen, dass losgelöst von einem Unterrichtsfach über trans* gesprochen wird und deutlich gemacht wird, dass keine Bewertung der Schülerbeiträge erfolgt.

Die Ziele:

Der betroffene Jugendliche fühlt sich angenommen, auch in seiner innerlichen Zerrissenheit

Er fasst Vertrauen in sein schulisches Umfeld

Er gewinnt Selbstvertrauen und wird so befähigt, eine selbstbestimmte Entscheidung zu treffen

Alexandra

Alexandra, die meist Alex gerufen wird, ist 15. Seit einem Jahr bevorzugt sie deutlich maskuline Kleidung: locker sitzende Jeans, große, dunkle T-Shirts oder Hoodies und Jeansjacken. Ihre langen blonden Haare hat sie zu einer jungenhaften Kurzhaarfrisur schneiden lassen. Alex' Lehrern war die Kleiderwahl zunächst nicht aufgefallen, allerdings hat die Sportlehrerin nun

bemerkt, dass Alex sich die Brüste abbindet.

So hat die Schule reagiert:

Nachdem die Sportlehrerin im Vier-Augen-Gespräch die Klassenlehrerin informiert hat, bespricht diese ebenfalls vertraulich und einzeln mit anderen Lehrern, ob ihnen eine Verhaltensänderung bei Alex aufgefallen ist. Das ist der Fall – die Klassenlehrerin beruft daher eine Klassenkonferenz ein und vereinbart mit den Kollegen Stillschweigen über deren Inhalt. Dabei kommt heraus, dass Alex Noten nicht mehr so gut sind wie noch zu Beginn des Schuljahres: zwar noch nicht in einem Bereich, der die Versetzung unmittelbar gefährdet, der aber doch alle Fächer betrifft.

Die Klassenlehrerin bittet Alex um ein Gespräch – ohne dass die Mitschüler dies mitbekommen, um Nachfragen aus diesem Kreis zu vermeiden. Sie beschreibt zunächst, was der Sportlehrerin und ihr selbst aufgefallen ist, und gibt Alex Gelegenheit, darüber zu sprechen. Im weiteren Verlauf geht sie darauf ein, dass Alex einen zurückgezogenen Eindruck macht und erwähnt die verschlechterten Leistungen.

Alex erklärt, dass sie sich im Körper eines Mädchens unwohl fühlt und lieber ein Junge wäre. Sie ist froh, einen Namen zu haben, der in der Abkürzung für Mädchen und Jungen funktioniert, und hätte gern, dass in allen Anschreiben und auf den Zeugnissen zukünftig diese Abkürzung verwendet wird.

Die Lehrerin weist Alex darauf hin: Solche Wünsche sind, ebenso wie die Leistungsminderungen, in jedem Fall mit den Eltern zu thematisieren. Sie fragt Alex, inwieweit ihre Eltern bereits informiert sind, und was in weiteren Gesprächen mit ihnen gemeinsam geklärt werden muss.

Alex hat große Angst vor dem Gespräch mit den Eltern und möchte es unbedingt vermeiden. Ihre Lehrerin erklärt ihr, dass die Schule zu diesem Gespräch verpflichtet ist, da die Eltern Alex' Erziehungsberechtigte sind und für sie verantwortlich. Sie bittet darum, dass sie dies respektiert, da die Schule hier nicht anders handeln kann. Gleichzeitig bespricht sie mit Alex, was helfen könnte, um dieses Gespräch mit den Eltern möglichst positiv verlaufen zu lassen. Was hat in Konflikten in der Vergangenheit gut funktioniert?

Die Lehrerin achtet darauf, dass Alex das Gespräch nicht als verurteilend, sondern als helfend empfindet. Es gelingt ihr zu vermitteln, dass sie Verständnis für dafür hat, dass Alex eine schwierige emotionale Phase durchlebt, dass sie Ängste, Sorgen und Nöte hat. Gleichzeitig vermeidet sie aber jedes Urteil: In der Art, wie sie einen Ausweg aus dieser Phase für sich gestaltet, darf Alex von den Lehrern nicht beeinflusst werden – weder in die eine noch in die andere Richtung. Jede wertende Äußerung über ihr Empfinden ist daher zu vermeiden.

3. Wie gelingt der Umgang mit den Eltern des betroffenen Jugendlichen?

„Ehe und Familie stehen unter dem besonderen Schutze der staatlichen Ordnung. Pflege und Erziehung der Kinder sind das natürliche Recht der Eltern und die zuvörderst ihnen obliegende Pflicht. Über ihre Betätigung wacht die staatliche Gemeinschaft."
Artikel 6 Grundgesetz

Der Transitionswunsch eines Jugendlichen wirbelt nicht nur seine eigene Welt durcheinander, sondern insbesondere auch die seiner Familie. Eltern haben plötzlich statt einer Tochter einen Sohn, Geschwister eine Schwester statt eines Bruders. Das bedeutet aber auch: Sie haben eine Tochter, einen Bruder verloren. Das verursacht Schmerz und ist eine Herausforderung für die Pädagogen, denen der Jugendliche anvertraut ist.

Die Aufgaben der Pädagogen:

Sie achten auf den Kindesschutz: Wenn ein Jugendlicher wünscht, dass seine Geschlechtsveränderung akzeptiert wird, seine Eltern dies aber nicht wissen, dann müssen die Eltern von den Pädagogen informiert werden – und dem Jugendlichen muss dies mitgeteilt werden.

Sie analysieren Schwierigkeiten: Sie besprechen mit Eltern und Jugendlichem gemeinsam – unter Berücksichtigung seines Entwicklungsstandes - die Schwierigkeiten, die eine vorgeschlagene Lösung des Geschlechtsänderungswunsches mit sich bringen könnte. Welche Aufklärung über medizinische Verfahren bei der Geschlechtsumwandlung hat bereits stattgefunden? Wie viel Wissen über die langfristigen Konsequenzen ist vorhanden?

Sie sprechen Probleme für den Schulalltag offen an: Welche Toilette soll gewählt werden? Wie soll der Sportunterricht gestaltet werden? In welchem Schlafsaal wird der Jugendliche bei der Klassenfahrt schlafen?

Sie thematisieren Toleranz: Manchen Eltern fällt es sehr schwer, die Entscheidung des Kindes zu respektieren. Es ist wichtig, darüber zu reden.

Die Ziele:

Die Eltern fühlen sich in ihrer Rolle als Erziehungsberechtigte ernst genommen und respektiert.
Sie erfahren Verständnis für ihre Not und erkennen das ehrliche Bemühen der Pädagogen um das Wohl ihres Kindes an.
Eltern und Pädagogen arbeiten gemeinsam an einer guten Lösung für den betroffenen Jugendlichen.
Frontenbildungen werden verhindert.

Alexandras Eltern

Im Gespräch mit Alexandras Eltern, das auf Wunsch von Alex in ihrem Beisein erfolgt, erfährt die Klassenlehrerin Folgendes:
Felix und Lena sind seit zwanzig Jahren verheiratet, Alexandra ist ihr zweites Kind. Alex´ Notenabfall haben sie auf die allgemeinen Pubertätsprobleme zurückgeführt. Die Kurzhaarfrisur findet Lena zwar nicht so schick, aber da es immer wieder Streit darüber ge

geben hat, dass Alexandra ihre Haare nicht ordentlich trockenföhnte, bevor sie das Haus verließ, hat Lena die Frisur unter „Trotzreaktion" abgehakt. Die jungenhafte Kleidung ist für sie eine weitere Modephase ihrer Tochter, die nach einer Girliephase (viel Pink, viel Nagellack, Make-Up) eher eine willkommene Abwechslung ist. Dass sie sich die Brüste abbindet, bevor sie ausgeht, hat Lena erschrocken – und ihren Mann Felix auch. Der reagiert zornig: So dürfe Alex auf keinen Fall aus dem Haus gehen, das sei ein großer Quatsch, Alex solle sich auch endlich wieder vernünftig anziehen. Um den Frieden zu wahren, hat Lena Alex gebeten, den Wünschen des Vaters nachzukommen. Sie versteht nicht, warum Alex wegen einer solchen Sache ständige Konflikte heraufbeschwört.

So hat die Lehrerin reagiert:

Sie hört den Eltern zu und sorgt dafür, dass beide angemessen zu Wort kommen. Sie erläutert, dass Alex sich in einer Phase befindet, die von allen Erwachsenen, die für sie verantwortlich sind, Fingerspitzengefühl, Verständnis und liebevolles Mitsorgen erfordert.

Sie fasst zusammen, dass hier zwei sehr unterschiedliche Positionen aufeinanderprallen: Während die Eltern, insbesondere der Vater, eine Transgenderidentität ihrer Tochter rundheraus ablehnen („das ist ein großer Quatsch"), empfindet Alex sich als jemand, der sich in seinem geschlechtlichen Körper ausgesprochen unwohl fühlt. Ohne die Positionen zu beurteilen, geht die Lehrerin auf die zu Grunde liegenden Bedürfnisse ein:

Die Eltern haben eine Tochter großgezogen, haben ein konkretes Bild von ihr in der Gegenwart und Visionen für ihre Zukunft. Alles ist mit Hoffnungen, Freuden, Erinnerungen verbunden, weswegen sie das Bedürfnis haben, die Entwicklung ihrer Tochter zu einer erwachsenen Frau weiter zu begleiten.
Alex leidet an der Art, wie sich ihr Körper entwickelt. Sie fühlt sich rundheraus unwohl, ihre Brüste sind ihr im Weg, die körperlichen Veränderungen empfindet sie als Zumutung, sie möchte am liebsten nichts davon ertragen müssen. Eine positive Vision von sich selbst als erwachsene Frau kann sie nicht entwickeln, weswegen sie das Bedürfnis hat, diesen weiblichen Körper abzulehnen.

Beide Bedürfnisse sind legitim.

Die Lehrerin weist die Eltern und Alex auf Beratungseinrichtungen hin, da für eine intensive Begleitung an der Schule keine Kompetenzen vorhanden sind. Sie bittet darum, in einem weiteren Gespräch über die Entscheidungen, die sich aus diesen Beratungsgesprächen ergeben, informiert zu werden, und bittet darum, sich für alle weiteren Schritte ausreichend Zeit zu nehmen. Sie erklärt, dass dann in weiteren Gesprächen gemeinsam mit den Eltern und Alex ausgelotet werden sollte, welche Folgen sich für die Schule ergeben.
Schließlich geht sie noch auf die verschlechterten Leistungen ein und bespricht, in welchen Fächern Alex Unterstützung braucht, um die Versetzung sicher nicht zu gefährden und weiteren Stress für Alex zu vermeiden.

4. Wie gelingt der Umgang mit den Mitschülern, Geschwistern und Freunden des betroffenen Jugendlichen?

„Meine Schwester durchläuft gerade ihre Transition – und ich liebe sie, aber ich will meinen Bruder zurückhaben. Wie soll ich mit dem Gefühl des Verlusts fertig werden?"
Anonyme Frage auf Quora

Auch die Interessen der anderen Kinder und Jugendlichen gilt es zu respektieren – ihre Gefühle und Verlustempfindungen, aber auch ihre Schutzinteressen. Beim Thema trans* sind Grenzerfahrungen und Interessenskonflikte kaum zu vermeiden – Kompromissbereitschaft, Toleranz und Respekt müssen daher bei allen gefördert werden. Dies ist gerade beim Thema trans* keine Einbahnstraße.

Die Aufgabe der Pädagogen:

Sie schaffen Schutzräume: Die Schutzinteressen aller Jugendlichen der Gruppe – trans* wie nicht trans* – sind zu berücksichtigen und gemeinsam mit den Kindern und Jugendlichen zu erarbeiten. Im Mittelpunkt stehen hierbei Intimräume, das Verstehen der eigenen Geschlechtsentwicklung und Kenntnis über Beschwerdewege für den Fall der Verletzungen.

Sie reden mit der betroffenen Gruppe: Von der Geschlechtsveränderung einer Person in einer Gruppe sind auf Grund des Beziehungsgeflechts auch alle anderen betroffen. Es ist daher wichtig, darüber zu reden, Beweggründe zu erläutern und eine Gruppendynamik zu fördern, die von gegenseitigem Respekt und Toleranz geprägt ist. Das kann z.B. im Rahmen eines Projekttages oder durch fächerübergreifenden Unterricht erfolgen. Eine klare Abstimmung und Zielsetzung sollte vorher durch eine Klassenkonferenz erfolgen. Gegenseitiger Respekt und Toleranz bedeutet auch, die Schwierigkeiten anzuerkennen, die sich für die gesamte Lerngruppe ergeben, und auf die geäußerten Sorgen der Mitschüler einzugehen.

Sie achten die Rechte der betroffenen Person: Gespräche mit der ganzen Gruppe können nur dann stattfinden, wenn die betroffene Person der Offenbarung ihrer Geschlechtsveränderung zugestimmt hat.

Sie erkennen Grenzen ihres Handelns: Eine Integration kann dann nicht durchgeführt werden, wenn die Geschlechtsveränderung dem Offenbarungsverbot unterliegt, d.h. der betroffene Jugendliche nicht möchte, dass seine Geschlechtsänderung öffentlich gemacht wird.

Die Ziele:

Die Interessen aller Personengruppen werden berücksichtigt – auch die des persönlichen Umfelds der Person mit Transitionswunsch.

Die Jugendlichen erleben Respekt und Toleranz: dies gilt für die Personen mit Transitionswunsch ebenso wie für deren Umfeld.

Die Schutzinteressen des Umfelds werden berücksichtigt: Die Auseinandersetzung mit der Thematik stärkt die Jugendlichen und schützt sie vor Überwältigung durch Ideologien oder Interessengruppen.

Ausgrenzung durch Mobbing wird verhindert: Die urteilsfreie Berücksichtigung unterschiedlicher Sichtweisen auf das Thema schafft ein Klima des gegenseitigen Respekts.

Alexandras Klasse

Im Gespräch mit der Klasse, das ohne Alex erfolgt, erfährt die Klassenlehrerin Folgendes:

Alexandras Mitschülerinnen haben durchaus die Veränderungen in ihrem Verhalten bemerkt. Auch, dass sie dazu übergegangen ist, sich die Brüste abzubinden, ist ihnen

in der Umkleide beim Sportunterricht aufgefallen – aber darauf angesprochen hat sie niemand. Hinter ihrem Rücken gab es aber durchaus Getuschel: Sowohl die Kurzhaarfrisur als auch die betont jungenhafte Kleidung waren Thema, für einige Mitschülerinnen war das Verschwinden der Brüste das letzte Indiz dafür, dass Alex „ganz sicher trans*" sei. Alex' Zurückgezogenheit hatten diese Mitschülerinnen darauf zurückgeführt, dass sie sich vor möglichen Diskriminierungen fürchte. Sie begrüßen es, dass jetzt „endlich mal darüber geredet wird" und die Klasse „Alex in ihrer neuen Transidentität" unbedingt bestärken müsse, damit es nicht zu noch mehr Diskriminierung komme. Andere schweigen und äußern sich gar nicht.

So hat die Lehrerin reagiert:

Sie hat zunächst mit dem Biologielehrer besprochen, was die Klasse über Geschlechtsdysphorie bereits weiß, und was sie wissen sollte, und dann die Schülerinnen und Schüler in einfachen Worten gemeinsam mit dem Kollegen über Grundlegendes informiert. Aus der Tatsache, dass für einige Mitschüler bereits feststeht, dass Alex trans* ist und sie dies rundheraus begrüßen, während andere einfach schweigen, schließt sie, dass die Klasse nicht ganz einheitlich zu Transidentitäten steht.

Im Unterrichtsgespräch geht sie daher der Frage nach, was sie sich selbst in einer Situation wünschen, in der sie eine wichtige Entscheidung für ihr restliches Leben zu treffen haben, aber noch nicht genau wissen, wie die Entscheidung aussehen sollte.

Es könnten an der Tafel folgende Vorschläge festgehalten werden:

Zeit nehmen: Wichtige Lebensentscheidungen darf man nicht über das Knie brechen, vor allem dann nicht, wenn sie nicht mehr rückgängig gemacht werden können

Wissen erwerben: Je mehr man über alle Folgen einer Entscheidung weiß, umso besser kann man abschätzen, was das Richtige ist – hierzu sollte man verschiedene Experten zu Rate ziehen

Gespräche führen: Der Austausch mit anderen kann sehr hilfreich dabei sein, die eigenen Gedanken klar zu strukturieren

Bevormundung vermeiden: Wenn die Entscheidung für das ganze Leben trägt, muss sie frei von Druck entstanden sein – weil man selbst dafür verantwortlich sein sollte

Unvoreingenommene Beratung erfahren: Meinungen und Wertungen anderer müssen nicht für einen selbst gelten

Die Lehrerin hat anschließend mit der Klasse besprochen:

Jede wichtige Lebensentscheidung soll unvoreingenommen und ohne Druck von außen erfolgen können. Die Annahme der eigenen Geschlechtlichkeit ist ein Prozess, der, wenn er selbstbestimmt erfolgen soll, durch Verstärkung von außen weder in die eine noch in die andere Richtung gelenkt werden darf. Zu einer solchen Verstärkung gehören nicht nur abfällige Bemerkungen über Trans*Personen, sondern auch übermäßig positive Rückmeldungen wie „Ich find es toll, dass du trans* bist!" Diskriminierungen sind unmenschlich und führen zu noch mehr psychischem Leid. Positive Urteile können jedoch ebenfalls bei Alex, die noch unsicher ist, Ängste auslösen: Was, wenn ich keine Geschlechtsumwandlung durchziehe, oder es mir anderes überlege – werde ich dann noch akzeptiert?

In einem weiteren Gesprächsabschnitt haben die Schüler anonymisiert Gelegenheit gehabt, eigene Sorgen und Fragen schriftlich zu formulieren. Die Lehrerin hat die Zettel eingesammelt, mit nach Hause genommen, sortiert und nach Problemfeldern geordnet. In einer weiteren Stunde wurden die Problemfelder vorgestellt und aufgezeigt, dass vieles davon seine Berechtigung hat – so z.B. das Verlustgefühl, wenn aus einer Freundin plötzlich ein „Freund" wird, und typische Mädcheninteressen nicht mehr gemeinsam erlebt werden können. Die Klasse hatte den Eindruck, dass darüber reden zu können für alle eine Hilfe ist, und das Gefühl, ernst genommen zu werden, positiv hervorgehoben.

IV. Was ist die Rechtslage?

Deadnaming, Nomen, das: eine trans Person mit ihrem früheren Namen statt mit ihrem neuen Namen anzusprechen bezeichnet man als deadnaming. Ursprung: engl. Dead = tot, to name = bezeichnen

Misgendern, Verb: eine Person mit einem Pronomen zu bezeichnen, das ihrem Geschlecht vor der Transition entspricht bzw. nicht den von ihr vorgegebenen bzw. selbst gewählten Pronomen.

Die Rechtslage in Österreich, die dem bisherigen deutschen Transsexuellengesetz ähnelt, sieht vor, dass die Eintragung einer Geschlechtsänderung in das Personenstandsregister an Voraussetzungen geknüpft ist. Diese Voraussetzungen sind ein irreversibles Zugehörigkeitsempfinden zum anderen Geschlecht und eine deutliche Annäherung an das äußere Erscheinungsgbild des anderen Geschlechts. Dies muss durch ein fachärztliches Gutachten (Psychiatrie, Psychotherapie oder klinische Psychologie) bestätigt werden.

Mit Stichtag 1. November 2024 gilt in Deutschland das Selbstbestimmungsgesetz. Es löst das bisher geltende Transsexuellengesetz ab.

Für Schulen relevant sind folgende Änderungen:

Volljährige trans-, intergeschlechtliche und nicht-binäre Menschen können durch eine einfache Erklärung beim Standesamt die gewünschte Änderung des Geschlechtseintrags herbeiführen. Anschließend können Dokumente geändert werden, dazu gehören auch Zeugnisse. Diese „Erklärung mit Eigenversicherung" muss nicht von Gutachten begleitet werden und wird nicht gerichtlich überprüft. Sie hängt auch nicht davon ab, ob sich die betroffene Person für geschlechtsangleichende medizinische Eingriffe entscheidet. Es reicht aus, dass die beantragte Änderung der Geschlechtsidentität der beantragenden Person am besten entspricht.

Für Kinder unter 14 Jahren können die Eltern die erforderliche Erklärung beim Standesamt einreichen.

Jugendliche ab 14 Jahren können dies selbst tun, jedoch nur mit Zustimmung der Eltern. Falls es innerhalb der Familie Konflikte gibt, kann das Familiengericht die Entscheidung treffen. Dabei wird das Wohl des Kindes als Maßstab verwendet.

Es ist wichtig, dass die Schulen mit ins Boot geholt werden. Es ist ratsam, auch für solche Fälle ein Verfahren zu entwickeln, bei dem alle Betroffenen mitgenommen werden. Dabei sollte allen Beteiligten klar gemacht werden, dass die Lehrer des Kindes an dessen Wohlergehen interessiert sind, keine Verurteilungen vornehmen, aber über seinen geistigen Entwicklungsstand und seine Reflexionsfähigkeit wertvolle Aussagen machen können, die für die Entscheidungen sehr relevant sein könnten – gerade weil sie nicht von dem Bestreben getragen sind, diese in die eine oder andere Richtung zu beeinflussen.

Personen, die eine Geschlechtsänderung in Anspruch nehmen, möchten häufig nicht an ihre Zeit mit dem anderen Geschlecht erinnert werden. Es gilt daher, weder die alten Pronomen noch den alten Namen noch zu verwenden („Deadnaming").

1. Das Offenbarungsverbot

Die rechtliche Situation: Es ist unter Strafe verboten, das biologische Geschlecht einer Person zu offenbaren, wenn die Geschlechtsänderung amtlich vollzogen wurde.

Das Problem: Nach statistischen Angaben (2017) gibt es viele Kinder und Jugendliche, die eine Änderung ihres geschlechtlichen Vornamens wünschen, ohne dass es dafür einen amtlichen Geschlechtseintrag gäbe, oder dass hierfür das Einverständnis der Eltern eingeholt wurde.

72,65 %

der Jugendlichen mit Transitionswunsch wollen ihren Namen ändern – ohne Einverständnis der Eltern, ohne Änderung der amtlichen Dokumente

Andere befinden sich in einer Erprobungsphase im Rahmen einer kinder- und jugendpsychiatrischen Behandlung, so dass auch hier noch keine amtliche Namensänderung stattgefunden hat. Wieder andere planen keine Transition, da sie den Geschlechtseintrag „divers" wählen und/oder sich als non-binär, gender-fluid oder trans* bezeichnen.

Die Handhabung des Offenbarungsverbots ist in diesen Fällen schwierig: Schulische Dokumente wie Zeugnisse sind z.B. mit dem amtlich eingetragenen Namen auszustellen.

Die weiteren rechtlichen Regelungen können im neu verfassten Selbstbestimmungsgesetzes (SBGG) nachgelesen werden (siehe Hinweise im Anhang).

Grenzen des Offenbarungsverbotes im pädagogischen Alltag

Problemsituationen bei Änderung des amtlichen Geschlechtseintrags ohne medizinische Transition:

Toiletten: Welche Toilettenregelung soll getroffen werden?

Sport- und Schwimmunterricht: Welche Umkleiden werden genutzt? Welcher geschlechtsspezifischen Gruppe werden die Schüler zugeordnet?

Übernachtungen in der Schule / Klassenfahrten: Welcher geschlechtsspezifischen Gruppe werden die Schüler für die Übernachtung zugeordnet?

Die Zuordnung zu den Austauschpartnern erfolgt häufig geschlechtsspezifisch: Wie soll bei Schüleraustausch vorgegangen werden? Wie können die Gasteltern vorbereitet werden?

Monoedukative Schulen: Wie gehen reine Mädchen- / Jungenschulen mit Kindern um, die im Verlauf ihrer Schulzeit einen Geschlechtswechsel beschließen? Welche Möglichkeiten gibt es, die spezifische Identität der Schule zu wahren, ohne auf einem Schulwechsel zu bestehen?

Hinweise für Pädagogen:

Immer an das Offenbarungsverbot halten

Umgehend das Gespräch mit den Eltern und dem Kind oder Jugendlichen suchen

Umgang erarbeiten, der von Toleranz und Respekt begleitet ist (siehe Kapitel 3: Wie kann der Umgang mit trans* Jugendlichen gelingen?)

Sensibel sein gegenüber den betroffenen Kindern und Jugendlichen

Eintreten für deren Schutzinteressen

Interessen der anderen Kinder und Jugendlichen benennen

Berechtigte Interessen der Schulgemeinde aufzeigen, für Verständnis werben

2. Vornamensänderung

Dem Wunsch nach Vornamensänderung kann eine sich andeutende Geschlechtsidentitätsstörung oder Geschlechtsdysphorie zugrunde liegen. Dies können Lehrerinnen und Lehrer nicht selbst ausschließen, da ihnen hierfür die fachliche Kompetenz fehlt. Ebenso können andere Faktoren vorliegen, die das Kindeswohl gefährden (Sexuelle Reifungskrise, Ich-dystone sexuelle Orientierung, Störungen der Sexualpräferenz). Es ist Auftrag der Eltern, die Gefährdung durch Klärung mit dem Kind abzuwenden.

Wünscht ein Kind oder Jugendlicher mit einem geschlechtsverändernden Vornamen angesprochen zu werden, ohne dass dafür eine amtliche Geschlechtsveränderung vorliegt, ist daher Folgendes zu empfehlen:

Hinweise für Pädagogen:

Die betroffenen Kinder / Jugendlichen müssen informiert werden:

➤ dass zur Führung eines neuen Vornamens eine amtliche Geschlechtsver-änderung vorliegen muss oder dass die Bestätigung der Eltern und/oder der Nachweis einer kinder- und jugendpsychiatrischen Behandlung nach-gewiesen werden muss

➤ dass Klassenarbeiten, Schülerausweise, Zeugnisse immer mit dem amt-lichen Namenseintrag ausgestellt oder versehen sein müssen

➤ welches die rechtlichen Hintergründe zur Änderung eines Vornamens sind.

Wichtig: Das Kind oder der Jugendliche muss gefragt werden, ob die Eltern von dem Wunsch der Vornamensänderung wissen. Ein Elterngespräch ist in jedem Fall anzustreben.

Dabei sollten die Eltern informiert werden,

➤ dass bei einem nicht einvernehmlichen Wunsch der Vornamensänderung zwischen Eltern und Kind/Jugendlichem von einer Gefährdung für das Wohl des Kindes ausgegangen werden muss;

➤ dass es die Pflicht der Pädagogen ist, das Jugendamt über die Gefährdung des Kindes zu informieren, sofern die Eltern keine Klärung herbeiführen können.

3. Kinder- und jugendpsychiatrische Behandlung

Während einer kinder- und jugendpsychiatrischen Behandlung sehen die Behandlungsrichtlinien in der zweiten Phase eine Alltagserprobung mit Vor-namensänderung außerhalb gesetzlicher Regelungen vor und eine fachliche Begleitung der Belastungen, die das Kind oder der Jugendliche durch diese Erprobung erleben kann. Für den Fall, dass diese Behandlung der Schule ge-genüber nachgewiesen wird, gelten besondere Regeln.

Hinweise für Pädagogen:

Das Kind oder der Jugendliche muss aus medizinischen Gründen mit dem geschlechtsverändernden Vornamen angesprochen werden.

Klassenarbeiten, Zeugnisse etc. dürfen jedoch nicht mit dem neuen Vornamen versehen werden.

Mit den Eltern und dem Kind oder Jugendlichen müssen Maßnahmen der Integration besprochen werden (siehe hierzu Kapitel 3: Wie kann der Umgang mit trans* Jugendlichen gelingen?).

Da während oder nach Ausgang der Alltagserprobung nicht wenige Personen mit Geschlechtsidentitätsstörung oder Geschlechtsdysphorie von der Fortsetzung des Weges zu einer Transition absehen, muss mit den Eltern eine offene, informierende Kommunikation vereinbart werden.

Anhang

1. Beratungsstellen

Das Internetportal der Caritas bietet neben einem anonymen Online-Beratungsinstrument die Möglichkeit, Beratungsstellen in Wohnortnähe zu finden.

https://www.caritas.de/hilfeundberatung/onlineberatung/kinder-jugendliche/start

Das Weiße Kreuz verfügt über ein Netz von 200 Beratungsstellen in Deutschland und bietet ebenfalls die Möglichkeit, online erste Fragen zu stellen.

https://www.weisses-kreuz.de/

2. Das Selbstbestimmungsgesetz

Informationen zum Selbstbestimmungsgesetz sowie den Text des Gesetzes selbst finden sich auf den Seiten des Bundesjustizministeriums:

https://www.bmfsfj.de/bmfsfj/themen/gleichstellung/queerpolitik-und-geschlechtliche-vielfalt/gesetz-ueber-die-selbstbestimmung-in-bezug-auf-den-geschlechtseintrag-sbgg--199332

Eine kritische Stellungnahme zum Selbstbestimmungsgesetz findet sich unter anderem bei der Psychiaterin Dr. Ingeborg Kraus auf ihrem Blog. Sie schreibt: „Obwohl es bis jetzt Gutachterverfahren gab, bevor operative Eingriffe unternommen werden durften, war die Transsexualität bei meinen 4 Klienten entweder falsch diagnostiziert oder ambivalent und chirurgische Interventionen erzeugten keine Verbesserung in ihrem Wohlbefinden." Die Stellungnahme ist hier zu finden:

https://www.trauma-and-prostitution.eu/2024/04/14/warum-ich-das-selbstbestimmungsgesetz-als-psychotherapeutin-gaenzlich-ablehne/#more-2330

Kritik kam auch vom BDKJ, dessen Vorsitzender Gregor Podschun äußerte: „Wir sind überzeugt, dass Kinder und Jugendliche unabhängig ihres Alters für sich selbst einstehen und ihre Identität erkennen und vertreten können und dass Altersgrenzen willkürlich gesetzt sind. Das Recht auf Selbstbestimmung gilt nicht erst mit 14 oder 18 Jahren, sondern für alle Menschen gleichermaßen und somit auch für alle Kinder und Jugendlichen." In der Stellungnahme heißt es weiter: „Sorgeberechtigte dürfen Kinder und Jugendliche nicht fremdbestimmt an der Bestimmung ihrer Geschlechtsidentität hindern. Diese Haltung wünschen wir uns für das Selbstbestimmungsgesetz. Weiterhin stellt der Weg über ein Familiengericht eine Hürde da, die von Jugendlichen kaum überwunden werden kann und nur mit einem sehr großen Einsatz persönlicher Ressourcen zu schaffen ist."

Die gesamte Stellungnahme des BDKJ ist hier zu lesen:

https://www.bdkj.de/aktuelles/artikel/bdkj-begruesst-die-geplante-einfuehrung-eines-selbstbestimmungsgesetzes-durch-die-bundesregierung

Seitens der evangelischen Kirche gibt es eine Stellungnahme der Evangelischen Frauen. Darin heißt es unter anderem: „Die Evangelischen Frauen in Deutschland e. V. setzen sich ein für die Rechte von Frauen in Kirche und Gesellschaft. Zu diesen Rechten gehört unserer Meinung nach das auf Selbstbestimmung. Es umfasst u. a. die sexuelle Selbstbestimmung, die körperliche Unversehrtheit, die Bestimmung über die eigene Reproduktion und die freie Entfaltung der Persönlichkeit. Die Evangelischen Frauen in Deutschland e. V. achten dieses Gut sehr hoch – für uns ist das eigene Geschlechtsempfinden eines jeden Menschen maßgeblich, folglich respektieren wir jeden Menschen, der sich als Frau identifiziert, als solche. Mit anderen Worten: Eine trans Frau ist eine Frau." Die gesamte Stellungnahme ist hier nachzulesen:

https://evangelischefrauen-deutschland.de/wp-content/uploads/2022/10/positionspapier_efid_positionierung_zum_transsexuellengesetz_13_oktober_2022.pdf

3. Leitlinie zur Diagnostik und Behandlung von Geschlechtsinkongruenz

Mitte März 2024 ist die neue Leitlinie „Diagnostik und Behandlung von Geschlechtsinkongruenz und Geschlechtsdysphorie im Kindes- und Jugendalter" zur Kommentierung freigegeben worden. Sie wurde von Autorinnen und Autoren vorgestellt – das Video sowie das Transkript hierzu kann hier nachgesehen werden:

https://www.sciencemediacenter.de/alle-angebote/press-briefing/details/news/awmf-leitlinie-zu-geschlechtsinkongruenz-und-dysphorie-im-kindes-und-jugendalter/

Zur Leitlinie hat der Deutsche Ärztetag eine Stellungnahme abgegeben, über die im Deutschen Ärzteblatt berichtet wurde:

https://www.aerzteblatt.de/nachrichten/151017/Geschlechtsdysphorie-Jugendpsychiater-kritisieren-Leitlinienentwurf

4. Zusatztexte

Deutschsprachige Transgender-Leitlinie: Jugendpsychiater kritisieren den Entwurf

Eine Veröffentlichung der Leitlinien wird zu einer Gefährdung vulnerabler Minderjähriger führen, sagen Experten.

Ein Beschluss des 128. Deutschen Ärztetags von Mitte Mai 2024 rät zu Einschränkungen beim Einsatz von Pubertätsblockern. Zuvor hatten sich bereits 15 Fachleute aus der Kinder- und Jugendmedizin in einer 111-seitigen Stellungnahme gegen den neuen Entwurf einer Transgender-Leitlinie für Minderjährige gestellt. Sie kritisieren die einseitige und nicht evidenzbasierte Ausrichtung und orten Interessenskonflikte. Die Leitlinie soll auch für Österreich und die Schweiz verbindlich sein.

Seit dem 18. März 2024 ist die Leitlinie „Diagnostik und Behandlung von Geschlechtsinkongruenz und Geschlechtsdysphorie im Kindes- und Jugendalter" (AWMF-Registernummer: 028-014) zur Kommentierung durch Fachgesellschaften freigegeben. 15 Lehrstuhlinhaber aus der Kinder- und Jugendmedizin, - unter ihnen die Kinderpsychiater Veit Rößner, Klinikdirektor am Uniklinikum Dresden, Florian Zepf, Leiter der Klinik für Kinder- und Jugendpsychiatrie am Universitätsklinikum Jena und Tobias Banaschewski, Direktor der Kinder- und Jugendpsychiatrie am Zentralinstitut für Seelische Gesundheit in Mannheim - haben sich mit einer 111-seitigen Stellungnahme zu diesem Entwurf gemeldet (Welt, online 25.4.2024). Sie fordern eine Überarbeitung durch die Deutsche Gesellschaft für Kinder- und Jugendpsychiatrie, Psychosomatik und Psychotherapie (DGKJP).

Warum werden Interessenskonflikte bei Autoren der Leitliniengruppe geduldet?

Wie das Deutsche Ärzteblatt (2.5 2024) berichtete, hat sich diese Expertengruppe mit ihrer Stellungnahme bewusst nicht an die Vorgabe gehalten, nur noch redaktionelle und keine inhaltlichen Änderungen mehr am Entwurf vorzuschlagen - der Einstimmigkeit wegen. Diese Vorgabe sei unverständlich, da die Fachwelt in dieser Frage seit Jahren „tief gespalten" sei.
Unverständlich sei auch der bislang geduldete Interessenkonflikt unter den Mitgliedern der Leitliniengruppe. Besonders nachdenklich mache, dass eine beteiligte Endokrinologin eine vom Pharmahersteller Ferring finanzierte Stiftungsprofessur in Deutschland innehat. Das Unternehmen vermarktet - wie viele andere Unternehmen - etwa auch das Gonadotropin-Releasing-Hormon (GnrH)-Analogon Triptorelin, das zur Pubertätsblockade eingesetzt wird.

Geschlechtsidentitätsstörungen und -unzufriedenheit sind von Autismus abzugrenzen

Die Stellungnahme nimmt Bezug auf das kürzlich in Großbritannien veröffentliche Cass-Review (Bioethik online, 24.4.2024), in dem eine Beurteilung sämtlicher bisher verfügbaren Studien zu Transgendertherapien vorgenommen worden ist. Die deutschsprachigen Experten resümieren: „Die Empfehlungen würden im Falle einer Veröffentlichung zu einer Gefährdung vulnerabler Minderjähriger führen, da diese Maßnahmen noch nicht ausreichend erprobt sind."

Inhaltlicher Streitpunkt ist etwa die Ablehnung eines generellen Autismus-Screenings vor einer Trans-Therapie. Die Experten-Stellungnahme bezeichnet dies als „dringend notwendig", da ein gemeinsames Auftreten von Autismus-Spektrum-Störungen und Geschlechtsidentitätsstörungen in einer Feldstudie bei 11 Prozent der Fälle vorliege. Auch verschwinde bei 98 Prozent der Kinder und Jugendlichen mit Geschlechtsidentitätsstörung im Zeitverlauf eine Geschlechtsunzufriedenheit, diese bleibt nur in zwei Prozent bis ins Erwachsenenalter erhalten.

Der Ärztetag fasst einen Beschluss, der zu deutlich mehr Vorsicht mahnt

Ganz aktuell hat nun der 128. Deutsche Ärztetag am 10. Mai in Mainz auf der Grundlage eines Beschlussantrags von sieben Mitgliedern der Ärztekammer Mecklenburg-Vorpommern einen Beschluss gefasst, der Pubertätsblocker, Hormontherapien und Operationen bei unter 18-Jährigen mit Geschlechtsinkongruenz oder Geschlechtsdysphorie nur im Rahmen von wissenschaftlichen Studien zulassen soll (Deutsches Ärzteblatt, online 13.5.2024). Auch müsse ein multidisziplinäres Team hinzugezogen und eine klinische Ethikkommission eingeschaltet werden. In der Begründung heißt es, dass die wissenschaftliche Beweislage keine Hinweise darauf liefert, dass die empfohlenen Therapien die psychische Gesundheit verbessern.

Operative Maßnahmen haben den Status von experimenteller Medizin an Kindern

Die Begründung lautet: „Der Einsatz von Interventionen wie die Pubertätsblocker und die Hormongabe sind eine Form experimenteller Medizin an Kindern, der sich mit hoher Wahrscheinlichkeit Eingriffe in den kindlichen Körper anschließen, wie die Amputation von Brust oder Penis, und die den Verlust der Fortpflanzungsfähigkeit und die Verminderung der sexuellen Erlebnisfähigkeit bis hin zur Anorgasmie zur Folge haben." Zudem schreiben sie: „Eine Gender- bzw. Geschlechtsunzufriedenheit findet sich am häufigsten im Alter von zirka elf Jahren, die Häufigkeit dieser Symptomatik nimmt dann im weiteren Verlauf mit dem Alter ab."
Die Deutsche Gesellschaft für Transidentität und Intersexualität labelt die Beschlüsse des Deutschen Ärztetages in einer Stellungnahme (11.5.2024) als „Beschlüsse gegen die Selbstbestimmung" seitens der Ärzteschaft. Auf die schweren medizinischen Bedenken geht die Stellungnahme nicht ein. Statt-

dessen wird kritisiert, dass sich der Ärztetag „gegen die Rechte von trans* und nicht-binären Jugendlichen richten" würde.

'Trans' als Zeitgeistphänomen: Dahinter stehen häufig ganz andere Probleme

Diese gesamte Entwicklung in der Frage „ist tatsächlich überraschend", kommentiert Alexander Korte, Kinderpsychiater an der Ludwig Maximillian Universität in München in einem Interview für die NZZ (18.5.24). Und weiter: „Im klinischen Alltag sehen wir eine immense Steigerung der Diagnose Geschlechtsdysphorie." Korte warnt sogar davor, ein Zeitgeistphänomen zu medikalisieren: „Die Selbstdiagnose „trans" ist überwiegend zum geworden. Influencer auf Tiktok und Instagram werben geradezu dafür. Nemo, der „non-binäre" Schweizer Gewinner des diesjährigen Eurovision Song Contest, wird den Hype noch verstärken. Ärzte und Psychologen sollten sich dem aber nicht unterwerfen. Hinter der Symptomatik Geschlechtsdysphorie stecken häufig ganz andere Probleme".

Quelle: IMABE, 27.5.2024, Link: https://www.imabe.org/bioethik-aktuell/archiv/einzelansicht/deutschsprachige-transgender-leitlinie-jugendpsychiater-kritisieren-den-entwurf

Als Mann und Frau schuf er sie

„Denn es ist evident, dass ohne eine zufriedenstellende Klärung der Anthropologie, auf der die Bedeutung der Sexualität und der Affektivität gründet, es nicht möglich ist, in richtiger Weise einen Bildungsprozess zu gestalten, der mit der Natur des Menschen als Person kohärent ist und zum Ziel hat, ihn zur vollen Aktualisierung seiner sexuellen Identität im Kontext der Berufung zur Gabe seiner selbst anzuleiten. Und der erste Schritt dieser anthropologischen Klärung besteht in der Erkenntnis: „Auch der Mensch hat eine Natur, die er achten muss und die er nicht beliebig manipulieren kann." Das ist der Kern der „Humanökologie", die ausgeht von der „Anerkennung der besonderen Würde der Person" und „die notwendige Beziehung des Lebens des Menschen zu dem moralischen Gesetz, das in seine eigene Natur eingeschrieben ist", beinhaltet. (...) Die Worte der Bibel offenbaren den weisen Plan des Schöpfers, der „den Menschen mit einem Leib ausgestattet hat, seiner Männlichkeit und Weiblichkeit; und der ihm mit der Männlichkeit und Weiblichkeit seine Menschlichkeit in gewisser Weise zur Aufgabe gemacht hat, die Würde der Person, und auch das klare Zeichen der zwischenmenschlichen "Gemeinschaft", in der der Mensch sich selbst verwirklicht mittels der authentischen Hingabe seiner selbst". Die Natur des Menschen ist also – in Überwindung eines jeden Physizismus oder Naturalismus – im Licht der Einheit von Seele und Leib zu verstehen, der „Einheit ihrer sowohl geistigen wie biologischen Neigungen und aller anderen spezifischen Merkmale, die für die Erreichung ihres Endzieles notwendig sind".

Quelle: Kongregation für das Katholische Bildungswesen 2019, Nr. 30, 32

„Das deutsche Selbstbestimmungsgesetz gefährdet den Schutz von Frauen vor Gewalt"

In einem ausführlichen Brief an die deutsche Außenministerin Annalena Baerbock vom 13. Juni 2024 äußert sich Reem Alsalem, UN-Sonderberichterstatterin zu Gewalt gegen Frauen, deren Gründe und Konsequenzen, besorgt über das Selbstbestimmungsgesetz, da sie hierdurch eine Reihe von Menschenrechtsverpflichtungen verletzt sieht, die die Regierung insbesondere gegenüber allen Frauen und Mädchen hat. Der Brief ist 17 Seiten lang, enthält Aussagen von betroffenen Frauen und Mädchen sowie einen umfangreichen wissenschaftlichen Anhang. Die wesentlichen Passagen sind im Folgenden dokumentiert.

Das Selbstbestimmungsgesetz berücksichtigt nicht die spezifischen Bedürfnisse von Frauen und Mädchen in ihrer ganzen Vielfalt, insbesondere von solchen, die von männlicher Gewalt bedroht sind und solche, die männliche Gewalt erlebt haben. Der Grund: Es sieht keine Schutzmaßnahmen vor, die sicherstellen, dass das im Gesetz vorgesehene Verfahren nicht von Sexualstraftätern und anderen Gewalttätern missbraucht wird.

Das Gesetz birgt erhebliche Risiken für den Schutz von Kindern. Es bietet keine Garantien, um erzwungene Geschlechtsumwandlungen durch Eltern oder andere Betreuungspersonen zu verhindern, insbesondere angesichts des Machtungleichgewichts zwischen Kindern und Erwachsenen. Nach den vorliegenden Forschungsergebnissen sind Mädchen, die sich zum gleichen Geschlecht hingezogen fühlen, auf dem Autismus-Spektrum stehen oder an Depressionen leiden, anfälliger für gesellschaftliche Einflüsse und Druck. Das verleitet viele zu glauben, dass die Antwort auf ihre Kämpfe und ihr Leiden darin besteht, eine andere Geschlechtsidentität anzunehmen als das Geschlecht, das ihnen bei der Geburt zugewiesen wurde (weiblich).

Die Betonung der Notwendigkeit von Schutzmaßnahmen für Frauen beruht nicht auf der Überzeugung, dass Transgender-Personen eine Bedrohung für sie darstellen. Vielmehr zeigen empirische Erkenntnisse, dass die Mehrheit der Sexualstraftäter männlich ist und dass hartnäckige Sexualstraftäter alles tun, um Zugang zu denjenigen bekommen, die sie missbrauchen wollen. Eine Möglichkeit besteht darin, sich Zugang zu geschlechtsspezifischen Räumen zu schaffen. Bereits jetzt finden Gewalttaten statt, die mit dem Inkrafttreten des Selbstbestimmungsgesetz gehäuft auftreten könnten. Das Gesetz bietet hierzu die einfache Möglichkeit, den Geschlechtseintrag im Personenstandsregister schnell und ausschließlich auf der Grundlage der Erklärung des Antragstellers ändern zu lassen. Gleichzeitig tritt das Verbot in Kraft, sich nach dem Geschlecht einer Person zu erkundigen, die etwa Zutritt zu einem nur für Frauen vorgesehenen Raum verlangt. Das Sicherheitsgefühl von Frauen und Mädchen wird hierdurch beeinträchtigt.

Das Vorhandensein von Schutzräumen für Frauen, die Opfer von sexueller und geschlechtsspezifischer Gewalt geworden sind, wie etwa Frauenhäuser, ist traditionell eine wirksame präventive Maßnahme gegen erneute Viktimisierung. Daher sind die negativen Auswirkungen, die die obligatorische Mitbenutzung höchst privater Räume wie Badezimmer und Umkleideräume mit männlich geborenen Personen auf Opfer dieser Gewalttaten haben kann, erheblich. Und dies unabhängig davon, wie sie sich identifizieren. Das Selbstbestimmungsgesetz enthält keine Schutzmaßnahmen für Frauen, die Opfer von sexueller und geschlechtsspezifischer Gewalt sind und die retraumatisiert werden können, wenn sie gezwungen sind, Räume mit Männern zu teilen. Im Gegenteil, das Gesetz enthält ein Offenbarungsverbot, das es diesen Frauen kategorisch verbietet, sich ohne deren Zustimmung nach den früheren Geschlechtsangaben und Vornamen der Personen zu erkundigen, die diese privaten Räume oder Schutzräume aufsuchen.

Das Gesetz sieht keine therapeutische Begleitung der Geschlechtsumwandlung mehr vor. Es bleibt somit unklar, wie das Gesetz in angemessener Weise sicherstellt, dass die Betroffenen ausreichend über die Auswirkungen der Änderung informiert und beraten werden.

verleitet viele zu glauben, dass die Antwort auf ihre Kämpfe und ihr Leiden darin besteht, eine andere Geschlechtsidentität anzunehmen als das Geschlecht, das ihnen bei der Geburt zugewiesen wurde (weiblich).

Die Betonung der Notwendigkeit von Schutzmaßnahmen für Frauen beruht nicht auf der Überzeugung, dass Transgender-Personen eine Bedrohung für sie darstellen. Vielmehr zeigen empirische Erkenntnisse, dass die Mehrheit der Sexualstraftäter männlich ist und dass hartnäckige Sexualstraftäter alles tun, um Zugang zu denjenigen bekommen, die sie missbrauchen wollen. Eine Möglichkeit besteht darin, sich Zugang zu geschlechtsspezifischen Räumen zu schaffen. Bereits jetzt finden Gewalttaten statt, die mit dem Inkrafttreten des Selbstbestimmungsgesetz gehäuft auftreten könnten. Das Gesetz bietet hierzu die einfache Möglichkeit, den Geschlechtseintrag im Personenstandsregister schnell und ausschließlich auf der Grundlage der Erklärung des Antragstellers ändern zu lassen. Gleichzeitig tritt das Verbot in Kraft, sich nach dem Geschlecht einer Person zu erkundigen, die etwa Zutritt zu einem nur für Frauen vorgesehenen Raum verlangt. Das Sicherheitsgefühl von Frauen und Mädchen wird hierdurch beeinträchtigt.

Das Vorhandensein von Schutzräumen für Frauen, die Opfer von sexueller und geschlechtsspezifischer Gewalt geworden sind, wie etwa Frauenhäuser, ist traditionell eine wirksame präventive Maßnahme gegen erneute Viktimisierung. Daher sind die negativen Auswirkungen, die die obligatorische Mitbenutzung höchst privater Räume wie Badezimmer und Umkleideräume mit männlich geborenen Personen auf Opfer dieser Gewalttaten haben kann, erheblich. Und dies unabhängig davon, wie sie sich identifizieren. Das Selbstbestimmungsgesetz enthält keine Schutzmaßnahmen für Frauen, die Opfer von sexueller und geschlechtsspezifischer Gewalt sind und die retraumatisiert werden können, wenn sie gezwungen sind, Räume mit Männern zu teilen. Im Gegenteil, das Gesetz enthält ein Offenbarungsverbot, das es diesen Frauen kategorisch verbietet, sich ohne deren Zustimmung nach den früheren Geschlechtsangaben und Vornamen der Personen zu erkundigen, die diese privaten Räume oder Schutzräume aufsuchen.

Das Gesetz sieht keine therapeutische Begleitung der Geschlechtsumwandlung mehr vor. Es bleibt somit unklar, wie das Gesetz in angemessener Weise sicherstellt, dass die Betroffenen ausreichend über die Auswirkungen der Änderung informiert und beraten werden.

Da das Geschlechtsselbstbestimmungsgesetz die Änderung des Geschlechts bei Kindern zulässt, ist es von entscheidender Bedeutung, dass diese Minderjährigen und ihre Familien die Auswirkungen (von denen einige irreversibel sind), die eine solche Änderung auf ihr Leben, ihre körperliche und geistige Gesundheit haben wird, vollumfänglich verstehen. Die Folgen der medizinischen Transition für die psychische und physische Gesundheit von Kindern, einschließlich Mädchen, sind erheblich und sollten nicht unterschätzt werden.

Im Gesetz wird nicht geklärt, ob die Bezeichnung einer Person mit Pronomen, die dem biologischen Geschlecht entsprechen, Sanktionen nach sich ziehen kann, oder ob die bloße Erwähnung dieses biologischen Geschlechts im öffentlichen Diskurs dafür ausreicht. Es bleibt z.B. unklar, ob die Aussage in einem öffentlichen Forum oder auf einer Social-Media-Plattform, dass eine Person, die als Mann geboren wurde, für Frauen vorgesehene Räume besetzt oder an weiblichen Sportkategorien teilnimmt, schon strafbar ist. Dies könnte erhebliche Auswirkungen auf die Meinungsfreiheit haben sowie die Gedanken-, Gewissens- und Religionsfreiheit erheblich beeinträchtigen, auch für Angehörige bestimmter Glaubensrichtungen.

Dokument: AL DEU 4/2024. https://spcommreports.ohchr.org/TmSearch/Results

Bildquellen

Endnoten

1 Hurrelmann, K., Bauer, U., 2018. Einführung in die Sozialisationstheorie: Das Modell der produktiven Realitätsverarbeitung, 12th ed. Beltz, Weinheim, Basel.

2 Bischof-Köhler, D., 2011a. Soziale Entwicklung in Kindheit und Jugend - Bindung, Empathie, Theory of Mind. Kohlhammer, Stuttgart; Bischof-Köhler, D., 2011b. Von Natur aus anders: Die Psychologie der Geschlechtsunterschiede, 4., überarb u. erw. Aufl. ed. Kohlhammer, Stuttgart; Fend, H., 2005. Entwicklungspsychologie des Jugendalters: Ein Lehrbuch für pädagogische und psychologische Berufe, 3rd ed. VS Verlag für Sozialwissenschaften, Wiesbaden; Mertens, W., 1996. Entwicklung der Psychosexualität und der Geschlechtsidentität, Bd.2, Kindheit und Adoleszenz. Kohlhammer, Stuttgart; Mertens, W., 1997. Entwicklung der Psychosexualität und der Geschlechtsidentität, Bd.1, Geburt bis 4. Lebensjahr. Kohlhammer, Stuttgart; Seiffge-Krenke, I., Göppel, R., 2021. Die Jugendlichen und ihre Suche nach dem neuen Ich: Identitätsentwicklung in der Adoleszenz, 2., aktualisierte Edition. ed. W. Kohlhammer GmbH, Stuttgart; King, V., 2002. Körper und Geschlecht in der Adoleszenz. Psychotherapie 7, 92–100; King, V., 2004. Die Entstehung des Neuen in der Adoleszenz: Individuation, Generativität und Geschlecht in Modernisierten Gesellschaften. VS Verlag Fur Sozialwissenschaften, Wiesbaden; King, V., Flaake, K., Bosse, H., Deserno, H., Annelinde, E.-S.N., Faulstich-Wieland, H., Frosh, S., Helfferich, C., Hontschik, B., Luca, R., Meuser, M., Neubauer, G., Nohl, A.-M., Schröder, A., Seiffge, J.M., Seiffge-Krenke, I., Stich, J., Winter, R., 2005. Männliche Adoleszenz: Sozialisation und Bildungsprozesse zwischen Kindheit und Erwachsensein. Campus Verlag, Frankfurt/Main ; New York.

3 GALLUP Inc., 2024, LGBTQ+ Identification in U.S. Now at 7.6% Estimate

4 Vgl. Killermann, F., 2013, The Social Justice Advocate's Handbook: A Guide to Gender, Impetus Books, Austin TX

5 Erikson, E.H., 1973. Identität und Lebenszyklus. Drei Aufsätze, 27th ed. Suhrkamp Verlag, Frankfurt am Main; Erikson, E.H., 1988. Der vollständige Lebenszyklus, 1st ed. Suhrkamp Verlag, Frankfurt am Main; Erikson, E.H., 1999. Kindheit und Gesellschaft. Klett-Cotta, Stgt; Goffman, E., 1973. Asyle: Über die soziale Situation psychiatrischer Patienten und anderer Insassen, 1st ed. Suhrkamp Verlag, Frankfurt am Main; Goffman, E., 2010. Stigma: Über Techniken der Bewältigung beschädigter Identität, 1st ed. Suhrkamp Verlag, Frankfurt am Main; Goffman, E., Dahrendorf, L.R., 2003. Wir alle spielen Theater: Die Selbstdarstellung im Alltag | Vorwort von Lord Ralf Dahrendorf, 30th ed. Piper, München; Mead, G.H., 2013. Mind, Self & Society: from the Standpoint of a Social Behaviourist, 1st ed. Heptagon; Krappmann, L., 2000. Soziologische Dimensionen der Identität: Strukturelle Bedingungen für die Teilnahme an Interaktionsprozessen, 13. Druckaufl., 2021 Edition. ed. Klett-Cotta /J. G. Cotta'sche Buchhandlung Nachfolger, Stuttgart; Krappmann, L., Oswald, H., 1995. Alltag der Schulkinder: Beobachtungen und Analysen von Interaktionen und Sozialbeziehungen, 1st ed. Beltz Juventa, Weinheim; Keupp, D.H., 2010. Vom Ringen um Identität in der spätmodernen Gesellschaft 46; Keupp, H., Ahbe, T., Gmür, W., Höfer, R., Mitzscherlich, B., Kraus, W., Sraus, F., 2008. Identitätskonstruktionen: Das Patchwork der Identitäten in der Spätmoderne. Rowohlt, Reinbek bei Hamburg; Thiersch, H., 2015a. Soziale Arbeit und Lebensweltorientierung: Konzepte und Kontexte: Gesammelte Aufsätze Band 1. Beltz Juventa; Thiersch, H., 2015b. Soziale Arbeit und Lebensweltorientierung: Handlungskompetenz und Arbeitsfelder: Gesammelte Aufsätze Band 2. Beltz Juventa; Thiersch, H., 2020. Lebensweltorientierte Soziale Arbeit – revisited. Beltz Juventa; Thiersch, H., Böhnisch, L., 2014. Spiegelungen. Lebensweltorientierung und Lebensbewältigung: Gespräche zur Sozialpädagogik. Beltz Juventa, Weinheim.

6 Keupp, D.H., 2010. Vom Ringen um Identität in der spätmodernen Gesellschaft 46; Keupp, H., Ahbe, T., Gmür, W., Höfer, R., Mitzscherlich, B., Kraus, W., Sraus, F., 2008. Identitätskonstruktionen: Das Patchwork der Identitäten in der Spätmoderne. Rowohlt, Reinbek bei Hamburg

7 Böhm, W., 2011. Theorie und Praxis: Eine Einführung in das pädagogische Grundproblem, 3rd ed. Königshausen u. Neumann, Würzburg; Böhm, W., 2013. Geschichte der Pädagogik: Von Platon bis zur Gegenwart. C.H.Beck, Weinheim; München; Eykmann, W., Böhm, W., Seichter, S., 2006. Die Person als Mass von Politik und Pädagogik, 1., Edition. ed. Ergon, Würzburg; Lischewski, A., Böhm, W., 1997. Entwürfe zu einer Pädagogik der Person. Gesammelte Aufsätze. Klinkhardt, Julius, Bad Heilbrunn; Mikhail, T., 2016. Pädagogisch handeln: Theorie für die Praxis, 2016th ed. Brill | Schöningh, Paderborn; Weigand, G., 2004, Schule der Person, Zur anthropologischen Grundlegung einer Theorie der Schule; Ergon Verlag, Würzburg

8 Erikson, E.H., 1973. Identität und Lebenszyklus. Drei Aufsätze, 27th ed. Suhrkamp Verlag, Frankfurt am Main.

9 Blasi, A., 1988. Identity and the Development of the Self. In: Lapsley, D.K., Power, F.C. (Eds.), Self, Ego, and Identity. Springer New York, New York, NY, pp. 226–242.

10 Bischof-Köhler, D., 2011b. Von Natur aus anders: Die Psychologie der Geschlechtsunterschiede, 4., überarb u. erw. Aufl. ed. Kohlhammer, Stuttgart

11 Dornes, M., 1993. Der kompetente Säugling: Die präverbale Entwicklung des Menschen, 14th ed. FISCHER Taschenbuch, Frankfurt am Main; Dornes, M., 2000. Die emotionale Welt des Kindes, 6th ed. FISCHER Taschenbuch, Frankfurt am Main; Dornes, M., 2008. Die Seele des Kindes: Entstehung und Entwicklung. FISCHER Taschenbuch; Hopf, H., 2019. Die Psychoanalyse des Jungen, 4. Druckaufl. Sept. 2019 Auflage. ed. Klett-Cotta, Stuttgart; Seiffge-Krenke, I., 2019. Die Psychoanalyse des Mädchens, 2. Druckaufl. e. Klett-Cotta, Stuttgart; Kohlberg, L., 2000. Die Psychologie der Lebensspanne. Suhrkamp Verlag.

12 Steins, G., 2008. Identitätsentwicklung: Wie Mädchen zu Frauen werden - und Jungen zu Männern, 3rd ed. Pabst Science Publishers, Lengerich Berlin Bremen Viernheim Wien.

13 Butler, J., 1991. Das Unbehagen der Geschlechter, 22nd edition. ed. Suhrkamp Verlag, Frankfurt am Main; Butler, J., 1997. Körper von Gewicht: Die diskursiven Grenzen des Geschlechts. Suhrkamp Verlag, Frankfurt am Main; Butler, J., 2002. Performative Akte und Geschlechtskonstitution. Suhrkamp, Frankfurt; Degele, N., 2008. Gender / Queer Studies: Eine Einführung, 1. Edition. ed. UTB GmbH, Paderborn

14 Zucker, K., 2017. Epidemiology of gender dysphoria and transgender identity. Sexual health 14.

15 Geschlechtsinkongruenz, Geschlechtsdysphorie und Trans-Gesundheit: S3-Leitlinie zur Diagnostik, Beratung und Behandlung AWMF-Register-Nr. 138|001 https://register.awmf.org/assets/guidelines/138-001l_S3_Geschlechtsdysphorie-Diagnostik-Beratung-Behandlung_2019-02.pdf (zuletzt aufgerufen am 28.10.2023)

16 Lenzen-Schulte M: Transition bei Genderdysphorie: Wenn die Pubertas gestoppt wird Dtsch Arztebl 2022; 119(48): A-2134 / B-1766. https://www.aerzteblatt.de/archiv/228699/Transition-bei-Genderdysphorie-Wenn-die-Pubertas-gestoppt-wird (zuletzt aufgerufen am 28.10.2023)

17 https://www.aerzteblatt.de/nachrichten/145814/Genderdysphorie-Mehr-Zurueckhaltung-bei-der-Therapie-von-Kindern-mit-Pubertaetsblockern?rt=4225dda4d9f8cb1f4f283e66c3a7da99

18 Korte, A.: Behandlung von Geschlechtsidentitätsstörungen (Geschlechtsdysphorie) im Kindes- und Jugendalter – Ausgangsoffene psychotherapeutische Begleitung oder frühzeitige Festlegung und Weichenstellung durch Einleitung einer hormonellen Therapie? December 2016 Sexuologie 23 (3-4)(1):117-132